DO GRITO À PALAVRA

Blucher

DO GRITO À PALAVRA

Um percurso ferencziano

Teresa Pinheiro

2ª edição

Do grito à palavra: um percurso ferencziano

Editora Edgard Blücher Ltda.

1ª edição – Título original: *Ferenczi: do grito à palavra.* Jorge Zahar Editor/ Editora UFRJ, 1995
2ª edição – Blucher, 2025

SÉRIE PSICANÁLISE CONTEMPORÂNEA
Coordenador da série Flávio Ferraz
Publisher Edgard Blücher
Editor Eduardo Blücher
Coordenador editorial Rafael Fulanetti
Coordenação de produção Andressa Lira
Produção editorial Luana Negraes
Preparação de texto Regiane da Silva Miyashiro
Diagramação Negrito Produção Editorial
Revisão de texto Maurício Katayama
Capa Leandro Cunha
Imagem da capa iStockphoto

Blucher

Rua Pedroso Alvarenga, 1245, 4º andar
04531-934 – São Paulo – SP – Brasil
Tel.: 55 11 3078-5366
contato@blucher.com.br
www.blucher.com.br

Segundo o Novo Acordo Ortográfico, conforme 6. ed. do *Vocabulário Ortográfico da Língua Portuguesa*, Academia Brasileira de Letras, julho de 2021.

Dados Internacionais de Catalogação na Publicação (CIP)
Heytor Diniz Teixeira, CRB-8/10570

Pinheiro, Teresa
Do grito à palavra : um percurso ferencziano / Teresa Pinheiro. – 2. ed. – São Paulo : Blucher, 2025.

128 p. (Série Psicanálise Contemporânea / coord. de Flávio Ferraz)

Bibliografia
ISBN 978-85-212-2487-7 (impresso)
ISBN 978-85-212-2484-6 (eletrônico - epub)
ISBN 978-85-212-2485-3 (eletrônico - pdf)

1. Psicanálise. 2. Trauma psíquico. 3. Ego (Psicologia). 4. Psicolinguística. 5. Interiorização. 6. Relações de objeto (Psicanálise). 7. Ferenczi, Sándor, 1873-1933 I. Título. II. Ferraz, Flávio. III. Série.

CDU 159.964.2

Índice para catálogo sistemático:
1. Psicanálise CDU 159.964.2

Conteúdo

Prefácio
Uma fonte de água pura

Jurandir Freire Costa

Depois de ler este estudo sobre Ferenczi, uma imagem surge de imediato: em psicanálise, definitivamente, o Danúbio é azul. É impressionante como Freud e Ferenczi anteciparam e discutiram quase todos os enigmas que ainda hoje fazem da psicanálise algo digno de ser pensado e praticado. Em grande parte, isso se tornou visível pela tática de exposição escolhida pela autora. Teresa venceu a tentação fácil de dizer qual o verdadeiro Ferenczi. Conduziu-se como analista, dando, prioritariamente, a palavra a quem de direito. Ferenczi fala e Teresa acompanha. Vez por outra, pontua brechas e relevos da teoria, mas o faz com a discrição de quem não precisa mostrar que sabe, justamente porque sabe. Resultado: a leitura flui, o texto toma vida, cresce, ganha força e chega até nós com uma surpreendente atualidade.

Para os crentes na "cientificidade da psicanálise", Ferenczi é, certamente, uma decepção. Nenhuma dedução lógica necessária, a partir de axiomas; nenhum compromisso com a distinção "compreender *vs.* explicar"; nenhuma preocupação com critérios fixos que diferenciem "enunciados que dizem o que a coisa é" de "enunciados que dizem como a coisa deve ser" etc. Uma só intenção move

Ferenczi; um único imperativo orienta sua teoria: o imperativo ético. O que fazer diante do desamparo; o que fazer com quem sofre e não pode saber do que sofre; o que fazer quando dependemos da linguagem para ser o que somos, embora venha dela o que nos traumatiza! Diante de perguntas como essas, Ferenczi não hesita: experimenta! Faz, desfaz e refaz. Pensa no impensado, retifica o que pensou, duvida das certezas, e a soma é uma magnífica peça de invenção teórica e sensibilidade clínica. Na mais fiel tradição freudiana, Ferenczi saiu em busca do trauma perdido, transformando dores proustianas em esperança de uma psicanálise melhor.

Querer falar de toda originalidade de Ferenczi seria reescrever o livro, e não o prefaciar. Disso, Teresa encarregou-se. Resta, portanto, acentuar alguns tópicos que julgo importantes. Desde o início, suas noções teóricas foram de encontro ao senso comum psicanalítico. A genitalidade, dizia ele, é um reagrupamento "regressivo" das pulsões parciais! A sexologia do século XIX e o que dela persistia no pensamento de Freud vinham abaixo. A "normalidade sexual" psiquiátrica ou de muitos psicanalistas era virada de ponta-cabeça. Algo mais além do sexo era buscado, desejado, desesperadamente perseguido: o oceano perdido. Vê-se, aqui, como a postulação de um objeto, situação ou relação inicial, enquanto primeiro motor do funcionamento psíquico, anuncia as futuras teorias de Balint ou Winnicott. O sexo e o sexual – cujo descentramento genital Freud enfatizara – torna-se meio, e não fim, de processos, estados, sentidos ou movimentos mentais. Antes da pulsão de morte freudiana ou do gozo lacaniano, Ferenczi entendera que o sexo não é o fim do umbigo ou o código Ur de toda experiência humana.

Em seguida, vieram suas conhecidas oposições binárias: *processo vs. fantasia; introjeção vs. incorporação; ego como formação narcísica vs. ego como formação ou inserção simbólica; traço vs. não traço; paixão vs. ternura; adulto vs. criança; verdade vs. mentira; trauma vs. desmentido* etc., até a polaridade *sabedoria vs. hipocrisia*, núcleo nevrálgico da técnica. Tudo começa com a introjeção. Sem necessidade de recursos exteriores ao vocabulário psicanalítico, Ferenczi dizia o que demorou tanto para ser mais bem entendido: o ego é feito de linguagem. O que nos afeta pode ou não ser linguagem, e, sendo linguagem, pode ou não "ter sentido ou fazer sentido". Mas sendo ou não linguagem; tendo ou não sentido, tem de tornar-se "causa linguística" para poder funcionar e ser reconhecido como "causa inconsciente" dos sintomas.

Em meu entender, essa é a grande novidade do conceito de introjeção. À primeira vista fácil de ser compreendida, a introjeção requer uma atenção teórica maior do que se pensa. Nela concentro, fundamentalmente, o comentário sobre este trabalho. Ferenczi, mostra Teresa, diz que o objeto-causa da constituição ou alteração egoica é, em condições normais, "introjetado". E, quando não pode seguir sua trajetória de introjeção, é "incorporado" de forma patologicamente traumática. Isto é, sabendo ou não, querendo ou não, a criança age como o tradutor ou o intérprete radical, imaginados por Quine e Davidson.[1] Sem dispor de um manual de tradução ou de um dicionário, tem de entender a língua do adulto para sobreviver. Busca, então, dar sentido aos acontecimentos, ao que aparece como vindo de fora, com os instrumentos que lhe são fornecidos pelo próprio adulto.

Até aí, tudo parece apenas repetir Freud, mas Ferenczi vai adiante. Freud persistia atado a um certo realismo naturalista, herdado do século XIX, e, por isso, oscilava quanto à interpretação do que ocorria no processo de formação do ego da criança. Em certos momentos, acreditava que a criança tinha um "dicionário" embutido no próprio corpo. O "dicionário" tinha dois verbetes, o

---

1 Costa, J. F. (1994). Pragmática e procesos analíticos: Freud, Wittgenstei, Davidson, Rorty. In Costa, J. F. *Redescrições da psicanálise: ensaios pragmaticos* (pp. 9-60). Relume Dumara.

"prazer" e o "desprazer", que forneciam o código para discriminar o sentido do "bom" e do "mau" vindos do mundo exterior. O "bom" era introjetado e tornava-se "eu"; o "mau" era projetado e tornava--se "outro". Em outros momentos, seguia o veio mais criativo de sua doutrina, fazendo da identificação ao outro a matriz linguística da construção egoica.

Ferenczi radicaliza essa segunda intuição. Faz do ego da criança um produto de decantação dos enunciados proferidos pelos adultos. Porém, ao contrário de tradutor/intérprete da semântica formal ou da pragmática de Quine e Davidson, a criança e o adulto ferenczianos são sujeitos psicanalíticos. Ou seja, são sujeitos divididos, e não sujeitos racionais, idênticos a si mesmos, deliberadores, conscientes e cujas crenças sobre o mundo são verdadeiras na maioria dos fatos e na maioria dos casos. Ferenczi, portanto, mostrou que o ego nas origens é produto da linguagem do outro e, além disso, tem de interpretar o sentido do que o outro faz e diz, sem contar com a certeza de que aquilo que é feito ou dito é verdadeiro! Conforme Quine e Davidson, para que possamos entender o que o outro diz, temos de pressupor que o que ele diz "é verdade", mesmo quando mente. Pois, ao mentir e saber que está mentindo, o outro sabe que "é verdade que está mentindo". Em psicanálise, a ideia de sujeito inconsciente introduz um problema a mais. O sujeito pode acreditar que diz a verdade e, simultaneamente, dizer ou fazer coisas que contradizem a verdade afirmada, sem estar consciente da contradição.

A questão da introjeção procura dar conta das consequências psíquicas desse funcionamento da linguagem na constituição das relações intersubjetivas da criança com o adulto. E, para que isso possa ser feito, Ferenczi introduz duas noções fundamentais na psicanálise. A primeira se relaciona à independência lógica do sentido, com respeito à suposta identidade ou realidade em si do objeto que lhe serve de referência. Dito de outro modo, não existe relação necessária entre palavras e coisas. Numa metáfora usada contra o "realismo ingênuo" de certas interpretações da psicanálise, Teresa, retomando Ferenczi, afirma: "não basta só apontar para receber o desejado. Pior do que isso, pode vir a coisa errada. Querendo Nescau, apontando a mamadeira e recebendo... água". Na terminologia ferencziana, isso significa que "o objeto nada mais é do que o suporte daquilo que visa a introjeção"; na terminologia neopragmática da linguagem, isso significa que qualquer objeto pode ser causa ou referente de um sentido qualquer. Tudo depende do contexto relacional em que é descrito ou definido. Assim como a água e o Nescau, o "prazer", o "desprazer" e a "sexualidade" são sentidos, pensados ou desejados como o são, ou seja, como água, Nescau, prazer, desprazer e sexualidade, pela ação da "introjeção"! Introjeção e produção de sentido são sinônimos. E, como será visto logo mais, o insucesso da introjeção depende da fixação do que não pode ser fixado, isto é, do sentido e dos contextos que permitem dar "sentido" aos acontecimentos. A "incorporação" e o "trauma" surgem quando o caráter holístico, relacional e aberto à pluralidade do "sentido" é imobilizado pelo desejo do adulto.

A segunda noção concerne ao móvel ou ao motor da introjeção. O que poderia levar a criança a "interpretar" ou "introjetar" o que lhe ocorre, por meio da atribuição de sentidos à experiência? Ferenczi não recorre a nenhum referente metafísico, sujeito ou corpo, anterior à formação linguística do universo mental. Introjeção é a palavra que descreve como se institui e como funciona o aparelho psíquico. Ou, acrescento com Davidson e Rorty,[2] é aquilo que diz como é criado e retecido o sujeito enquanto rede de crenças e desejos. Não existe distância lógica ou fenomenológica entre o sujeito e as introjeções. Sujeito é aquilo que introjeta e aquilo que é introjetado. E se a criança introjeta compulsoriamente o que lhe afeta, é

2 *Op. Cit.*

porque existe uma "força libidinal" que, por esse meio, enfrenta a condição da precariedade humana, figurada na luta entre a vida e a morte. Nesse ponto, de novo Ferenczi aproxima-se de Freud. Pelo menos do Freud posterior à *Inibição, Sintoma e Angústia*. Assim como, em Freud, o Eros criava o aparato linguístico como defesa contra a pulsão de morte, as introjeções ferenczianas são a própria condição da existência do sujeito. O sujeito precisa do sentido para viver, porque é um organismo que tem, na habilidade de falar, um dos meios indispensáveis para sua sobrevida.

Hoje, algumas dessas ideias ou discussões parecem triviais, sobretudo depois de Lacan, seus interlocutores, comentadores e divulgadores. No período inicial da psicanálise, o salto teórico era enorme. A noção de introjeção e produção de sentido como atividades constitutivas do aparelho psíquico renovava a teoria de modo inusitado. Primeiro, atribuía à fala dos adultos um relevo que não havia sido até então notado; segundo, sofisticava a argumentação psicanalítica de uma forma que só agora podemos, talvez, perceber. A definição de trauma como "introjeção impossível" ilustra o que quero dizer. Para Ferenczi, o trauma era o produto de um *desmentido* do adulto, a existência da *paixão* com que respondeu à demanda de *ternura*, por parte da criança. Nesse instante, diz ele, o sentido do acontecimento é congelado. A criança não pode mais pensar no que lhe aconteceu, exceto sob o modo da culpa e da autoagressão recriminatória. A "representação" do agressor é "negativamente alucinada", e o que devia ser acusação, revolta, transgressão, contestação ao outro etc. torna-se submissão ou sintomas corporais.

Conclusão: só existe trauma quando existe uma interpretação do acontecido que impede sua redescrição. Traumática é toda redescrição forçada do outro; toda imposição de sentido que inviabiliza a possibilidade que o outro tem de redescrever o que é, o que sente e o que lhe acontece, segundo interpretações diversas da que provocou a inibição da introjeção. Em outros termos, a fala do adulto pode paralisar a abertura identificatória do sujeito-criança, obrigando-o a clivar-se e a vetar outras possibilidades de redescrições do que aprende a chamar de "si mesmo". A ternura que podia ser introjetada como "lúdica", pelo desmentido, é convertida em "trauma passional", com todas as consequências de culpa, pessimismo, docilidade depressiva, dúvidas quanto à confiança possível no outro etc., que Ferenczi tão bem descreveu.

No entanto, ao contrário do que se pode pensar, Ferenczi não defende nenhum idealismo linguístico, nem se contradiz na maneira como define a natureza do trauma. Explicitando de outra forma, a leitura ferencziana do traumatismo psíquico parece fazer duas afirmações contraditórias: o acontecimento traumático é, simultaneamente, descrito como linguístico e não linguístico. Linguístico porque só há trauma quando há desmentido; não linguístico porque o trauma é um derivado da paixão do corpo sexual ou da pulsão. No entanto, o fato de o trauma ser explicado como efeito de um ato linguístico, isto é, de um desmentido, não significa que o que quer que esteja em sua origem seja necessariamente linguagem. Essa diferenciação epistêmica escapou a Ferenczi, como, aliás, também a Freud, quando abordou problemas similares. Acontece que, em minha opinião, Ferenczi distinguia "causa de um evento" de "justificação do evento", sem dispor de conceitos que o ajudassem a esclarecer mais facilmente o que acreditava observar na clínica. Ele sabia que os referentes corpóreos da paixão do adulto eram a "causa" do traumatismo sexual da criança. Entretanto, o evento físico por si só não pode ser traumático ou não traumático. É apenas um estímulo cuja intensidade será ou não sentida e pensada como traumática, em função da intencionalidade consciente ou inconsciente que lhe é dada pelo adulto. A intensidade da "ternura" erótica infantil pode ser grande, e nem por isso deixa de ser lúdica.

Faltava a Ferenczi a ideia de que todo referente é inescrutável e toda interpretação indeterminada, até que uma teoria de verdade permita ao sujeito entender que "isto significa aquilo", e reagir a essa crença conforme as regras morais por ela prescritas. A "causa passional" só se torna "referente" do trauma no momento em que adquire o sentido de "transgressão e culpa pela falta sexual". E esse sentido surge quando a criança nota que o adulto quer negar o que aconteceu. Ou seja, causa não é o mesmo que justificação, nem tem que ter conexão lógica ou relação de conteúdo com seus efeitos. Um mesmo evento causal pode ter várias justificações ou várias interpretações. A relação lógica de conteúdo ou sentido entre o evento e seus efeitos só existe quando uma certa interpretação se impõe como sendo a verdadeira. É a partir daí que qualquer causa, linguística ou não linguística, tem que se tornar uma "razão" ou uma "intenção" inconscientes, capazes de efeitos performativos, como no exemplo do trauma que impossibilita a introjeção.

No caso do traumatismo, a "causa-paixão" só se torna "sentido-paixão" porque se associa à mentira, ao desmentido, à culpa etc., e a dependência da criança face ao adulto obriga-a a aceitar essa versão do que aconteceu. Em outras culturas que não a nossa, a estimulação sexual de crianças por adultos aptos a se excitarem genitalmente com tal prática pode não ter o sentido de "traumatismo", e sim de atitude psicológica estruturante, porquanto moralmente desejável. Todos conhecemos, por exemplo, o fato histórico das relações pederásticas gregas, tão discutidas por Freud, nas quais a estimulação sexual de crianças pré-púberes era, entre outras práticas, dada como modelo ético da educação do sujeito livre, autônomo e racional. Não precisamos mais do "dicionário do corpo" para entender as causas e as razões de nossos sintomas. Elas só são o que são quando entendemos o jogo de linguagem ou a realidade linguística de que são feitas.

Em suma, Ferenczi contornou os limites ou a escassez de seus instrumentos nocionais, insistindo pragmaticamente na teoria de verdade do "trauma" linguístico. A meu ver, acertou. A plausibilidade do que começou a enunciar revelou-se enriquecedora da compreensão que temos dos que foram ou são traumatizados. O medo; a ansiedade; a tristeza; a desconfiança quanto à intenção do outro; a obrigação de ser querido; o esforço de adivinhar o que o outro quer; a perene incerteza quanto ao amor de quem importa etc., tão presentes em certos quadros depressivos, fóbicos, obsessionais ou, mais simples e verdadeiramente, em tantos de nós ou como nós, mostram sua sensibilidade para nossa condição de desamparo radical e inelutável.

Sua saída, entretanto, não foi dizer, como Sartre, "o inferno é o outro". Tampouco olhou, como T. S. Eliot, o psiquismo "devastado", murmurando: "E eu disse à minh'alma, fica tranquila, e espera sem esperança, pois a esperança seria esperar pelo equívoco". Como Freud, foi benevolente; diferente de Freud, nem foi pessimista nem cético. Desacreditar, para ele, significava aceitar a "sabedoria" da criança infeliz. Psicanálise, para Ferenczi, era uma profissão "severina", e não "hipócrita". Mesmo quando franzina, ela quer explodir em vida. Se o outro foi o "inferno", crie-se, imagine-se, invente-se um outro! E, se esse outro ainda faltar, tente-se um outro "outro"! Pode sempre existir um outro do outro. E se isso exige o preço de "uma análise mútua"? Corra-se o risco! O analista só não pode repousar no conforto de espectador dessa triste e "sábia solidão", que a dor obrigou alguns a conhecer. Ela é dura, cruel, louca e desumana. Psicanálise é cúmplice de Eros, não de pesadelos atrasados ou sonos feitos de infelicidade.

Teresa, com competência e delicadeza, convida-nos a ouvir um Ferenczi que é uma "fonte de água pura". Pena não poder continuar a rima de Paulinho da Viola. Mas, talvez um dia; talvez, talvez; talvez quem sabe, quem beber daquela água venha a ter menos "paixão" e mais "ternura".

À guisa de introdução: viagens ferenczianas[1]

Em junho de 1983, ao terminar o DEA de psicanálise em Paris VII, marquei um encontro com Pierre Fédida para definir com ele o projeto da tese que iria fazer sob sua orientação. Ele propôs centrar minha pesquisa na obra de Sándor Ferenczi.

A proposta me desconcertou. A obra de Ferenczi me era até então desconhecida. Eu tinha, naturalmente, lido a biografia de Freud feita por Jones e ouvido algumas histórias engraçadas sobre o personagem Ferenczi, o que não constituía nenhum material de peso para se empreender uma pesquisa de doutorado. Senti-me, de repente, levada para um terreno escorregadio.

A Hungria era um país longínquo onde se encontrava a Transilvânia do Conde Drácula e nada mais. O projeto proposto por Fédida parecia um desafio irrealizável, mas alguma coisa me atraía nele. Talvez as fotos de Ferenczi sempre sorrindo entre seus colegas, todos muito contidos e sérios. Saí desse encontro em pânico, pronta para chegar em casa, arrumar as malas e voltar para o Brasil,

1 Texto publicado em *Anuário Brasileiro de Psicanálise* (1991), (coord. Daniela Ropa), Relume-Dumará.

mas o fato é que já no dia seguinte me pus a ler a obra completa de Ferenczi editada pela Payot.

Minha estadia na França era limitada no tempo de acordo com as exigências do CNPq, que me concedia uma bolsa de estudos. Era preciso, portanto, mergulhar no trabalho por tempo integral. Durante muito tempo (mais de um ano), recusei-me a ler qualquer outra coisa que não fossem os textos de Ferenczi. Nem mesmo os artigos de outros autores comentando sua obra. Como se, para entrar no modo de pensar de um autor, fosse preciso esquecer todo o resto. Que nada do exterior viesse perturbar meu esforço de reflexão. Resumindo: era preciso estabelecer uma relação estrita com o texto, um diálogo a dois, sem qualquer mediação.

Vivi com os textos de Ferenczi uma relação no mínimo estranha, com momentos de deslumbramento diante da extrema beleza da sua forma de escrever que revelava um clínico apaixonado pelo exercício de sua profissão; momentos de raiva; momentos em que as descrições detalhadas do funcionamento do aparelho digestivo de seus pacientes me causavam uma certa aversão; e momentos em que dava boas gargalhadas com suas frases de um humor bastante refinado.

Quando uma questão parecia obscura, eu me obrigava a reler toda a obra, a recomeçar, como se fosse do zero. Tentava, então, representar a época, o meio analítico, o país, os bolcheviques, a condição judaica. Tentava compreender os combates de um saber para se impor, os conflitos de um pequeno grupo em torno de um mestre. Era preciso viajar no tempo, transportar-me para um outro mundo, um momento preciso da História. Hoje posso dizer que essa viagem é como viver uma relação conjugal em que o cônjuge só existe por seu texto, o que não torna a convivência mais fácil ou menos conflitiva.

As crises conjugais foram frequentes, é claro. A cada crise, a distância entre o Rio de Janeiro e o Danúbio, passando necessariamente pelo Sena, parecia intransponível. Elas diziam respeito não somente à minha relação com o pensamento de Ferenczi, mas também com a própria escrita numa outra língua, no caso o francês. Era preciso mergulhar na sutileza da cultura francesa para parir a tese.

Era necessário, ainda, ser vigilante, para garantir a justa distância que um trabalho de pesquisa exige. Sabia do perigo de ver um esforço tão árduo se perder. Sentia o risco de ficar hipnotizada, risco sempre possível nessas horas. Na sua história, a psicanálise procurou sempre ganhar distância do papel confessional que quiseram lhe atribuir, e não soube, no entanto, distanciar-se do fanatismo religioso em que viveu mergulhada. O personagem Ferenczi era o próprio exemplo disso.

A própria história da psicanálise nos ensina o quanto é difícil manter essa distância necessária de um autor ou de uma ideia. Mesmo porque, tudo o que ela nos revela sobre o inconsciente é o próprio subsídio teórico do fenômeno em questão. Nas circunstâncias em que me encontrava, era preciso obrigar-me a tentar, ainda que a tarefa parecesse hercúlea: manter uma distância que permitisse um diálogo de trocas, e não uma conversa de surdos. Uma relação equilibrada, nem exageradamente estreita, nem separada demais. Não queria me tornar uma viúva de Ferenczi (guardava na lembrança ainda a imagem das viúvas do Lacerda...) nem tampouco sua acusadora. Queria permanecer apenas como uma leitora capaz de reter e ressaltar o essencial de sua obra, para nela trabalhar.

Se a Hungria continuava parecendo quase impossível de ser representada, após o reconhecimento inicial, resolvi sair da toca e ir à procura dos especialistas em Ferenczi que se encontravam em Paris. Havia grupos diferentes. Havia até mesmo uma escola do

Danúbio e alguns húngaros entre eles. Discutir com cada um me ensinou muita coisa sobre a obra de Ferenczi, mas a forma cega e apaixonada como discutiam o autor trouxe também o alívio de ter escapado ilesa, de estar vacinada contra a doença e de não ter me tornado mais uma viúva de Ferenczi.

A ideia de pôr os pés em Budapeste era um sonho mantido na gaveta. Um dia, tomei a iniciativa de escrever para alguns psicanalistas na Hungria, embora já tivesse recebido, um ano antes, de um colega, a lista com os nomes e endereços de cada um, além da preciosa informação de quem sabia francês.

Enviei as cartas, explicando minha trajetória e falando da minha pesquisa atual sobre a obra de Ferenczi. Recebi de um deles a informação de que acabara de ser criada a Sociedade Sándor Ferenczi com o propósito de fazer pesquisa, montar um arquivo e, mais tarde, um museu. No final da carta, um convite para que fosse lá fazer uma conferência sobre minha pesquisa. Passado o susto do convite, tratei de torná-lo viável e, numa terça-feira de neve alta, aterrissei no aeroporto de Budapeste. Gyorgy Hidas, presidente da Sociedade Sándor Ferenczi, estava me esperando.

Até sexta-feira (dia da conferência), eu tinha tempo livre para me deparar com o Danúbio, passear por Budapeste, ver a casa de Ferenczi, o prédio em que Balint morava e clinicava, que foi a primeira sede da Sociedade Húngara de Psicanálise, e ouvir falar de Ferenczi, Imre Herman, IPA, psicanálise, comunismo, russos, tudo ao mesmo tempo.

Budapeste é uma bela cidade cortada pelo Danúbio, que tem numa das margens uma colina (Buda), e na outra uma parte plana (Pest). Seus prédios são imponentes e marcam a presença de uma história que nos remete ao império romano, ao império otomano, ao austro-húngaro e à União Soviética. História de uma cidade dominada, à procura de sua independência desde os primórdios.

Uma língua absolutamente peculiar, incompreensível, e um povo agradável, alegre e caloroso.

Era curioso estar enfim em Budapeste, tantas vezes imaginada durante a elaboração da minha tese. Era interessante estar naquela cidade num momento tão decisivo da sua história. Conhecendo uma Hungria que dali a alguns anos não seria mais a mesma. Para melhor ou para pior, é evidente que o país sofrerá mudanças radicais, que, contudo, não alterarão a arquitetura, a comida deliciosa, e espero que tampouco o seu povo agradável, cuja cultura parece às vezes com a da Europa mediterrânea.

A figura de Ferenczi, com seu senso de humor, seu bom humor, sua crítica às vezes tão feroz a si mesmo, sua aparente ingenuidade, ficou mais transparente para mim, assim como sua ferrenha decisão de nunca ter saído de Budapeste para morar em outro lugar.

Nos dias que antecedem a conferência, tomo conhecimento de que a obra de Ferenczi somente agora começa a ser publicada na Hungria, e que poucos analistas a conhecem. Não só a psicanálise do ocidente havia arquivado e alijado um pensador como Ferenczi. A própria psicanálise húngara fizera a mesma coisa. Apesar de terem se mantido a duras penas, quase na clandestinidade, por quarenta anos, os analistas húngaros não haviam preservado o seu pensador mais brilhante, aquele que valia por uma Sociedade inteira, segundo as palavras usadas pelo próprio Freud. Talvez pelo fato de a sociedade húngara só ter recebido o reconhecimento da IPA recentemente, as preocupações maiores giravam em torno de questões burocráticas que as instituições tratam com tanto carinho: psicoterapia ou psicanálise, duas ou quatro vezes por semana, além das brigas internas que as Sociedades de Psicanálise conhecem como ninguém.

Fiz a conferência na sexta-feira conforme o previsto. Falei de um Ferenczi desconhecido para eles e não consegui trazer de lá o que tinha ido buscar: o Ferenczi que eles tinham trabalhado durante quarenta anos sem contato com a produção psicanalítica ocidental. As perguntas que me fizeram giraram em torno do personagem Ferenczi na sua pior versão: a escrita por Jones.[2]

Senti uma tristeza difícil de explicar, e eles não compreenderiam. Pois não era com eles que eu estava triste. Ao contrário, foram gentis, agradáveis, simpáticos ao extremo. Conseguiram rapidamente me deixar à vontade, senti-me acolhida e recebi muito carinho. Estavam todos interessados na obra de Ferenczi, nas questões que eu colocava. Queriam aprender, queriam saber mais, escutavam atentamente cada palavra minha.

Não, eles não entenderiam, nesse momento, que eu estivesse triste. Somente se conhecessem a história de Ferenczi, sua luta permanente por uma psicanálise viva, inquieta, atenta aos seus conceitos fundamentais, alerta contra as doenças típicas das instituições, como ele mesmo previu no momento de criação da IPA. Doenças que levavam a própria resistência à psicanálise, pois poderiam servir de escudos hipócritas dos analistas que transformam conceitos em defesa, como ele anunciou no texto da elasticidade da técnica. Talvez depois de estudarem Ferenczi, conhecerem a história da psicanálise por outros caminhos que não os apontados por Jones, eles se deem conta de que um dos melhores teóricos da psicanálise foi vítima da burocracia da IPA e, portanto, do meio mais eficaz de resistência à psicanálise. Tratei de trancar a tristeza na mala e levantei voo no domingo de manhã.

---

2 Jones, E. (1988). *A vida e a obra de Sigmund Freud* (Vol. 3). Imago.

1. As noções fundamentais na obra de Ferenczi

A mulher: um ser colonizado

Desde 1908, ano da estreia de Ferenczi como autor psicanalítico, o tema da mulher esteve em pauta. Nesse texto, são notáveis os sinais de um pensamento "feminista". Queria compreender as neuroses de angústia que tinham as mulheres por vítimas. Achava que eram resultado da vida sexual imposta pelos homens. Ferenczi diz:

> *Estamos habituados desde longa data a admitir que somente os homens têm direito à libido sexual e ao orgasmo; estabelecemos e impusemos às mulheres um ideal feminino que exclui a possibilidade de exprimir e reconhecer abertamente desejos sexuais, e só tolera a aceitação passiva, ideal que classifica as tendências libidinais, por muito pouco que elas se manifestem na mulher, nas categorias patológico e "vicioso"... Se os homens rompessem seu modo de pensar egocêntrico para imaginar uma vida em que* lhes *tocasse sofrer constantemente a interrupção do ato antes da resolução orgástica da tensão, dar-se-iam conta do martírio sexual suportado*

> *pelas mulheres e do desespero provocado pelo dilema que as reduz a escolher entre o respeito a si mesmas e a plena satisfação sexual. (Ferenczi, 1908/1991a, p. 1, grifo do original)*

Nessa citação, Ferenczi defende a causa da mulher, embora pense que ela assimilou a ordem social estabelecida por uma cultura cujas regras são ditadas pelos homens. A descrição dessa assimilação que a mulher faz do mundo dos homens, como se fosse colonizada pelo pensamento masculino, anuncia de alguma forma a sua teoria do trauma. Ele descreve essa assimilação da seguinte maneira: "Submetendo-se às concepções do homem tanto para o seu mundo ético quanto muitos outros aspectos, a mulher assimilou tão bem essas ideias que toda ideia contrária aplicada a ela própria lhe parece impensável" (Ferenczi, 1908/1991a, p. 2).

A mulher é, pois, vítima de um mundo concebido pelo homem, mas é incapaz de sentir dessa forma. Tomou como seu o mundo das representações do homem, como se a norma que lhe foi ditada a tivesse invadido. Veremos mais adiante como essa noção de invasão do ego será importante, quando analisarmos, na teoria do trauma, a invasão que o agressor faz no ego da criança. Com efeito, as primeiras noções, que mais tarde se tornarão o conceito de trauma em Ferenczi, aparecem desde seu primeiro texto. Mas voltemos à mulher. Segundo Ferenczi, esse mundo concebido pelo homem é o responsável pelas neuroses na mulher. Ele propõe que a emancipação sexual seria mais importante para as mulheres do que a aspiração a uma participação política.

Nos textos que se seguem, a mulher terá sempre o aspecto de alguém passivo, de alguém submetido e violado, como veremos em sua descrição filogenética. Ela será descrita em 1929 (Ferenczi, 1929/1992e) como aquela que teve que se adaptar às condições mais complexas. Torna-se, por causa disto, um ser mais finamente diferenciado e dotado de uma maior complexidade fisiológica e psicológica. É, portanto, mais evoluída do ponto de vista biológico. Em 1912, Ferenczi (1912/1991c, p. 1) nos diz que a mulher é guiada pelo princípio do prazer enquanto o homem o seria pelo da realidade. Nessa distribuição das diferenças entre os sexos, Ferenczi atribui à mulher a intuição e ao homem, a objetividade.

Entretanto, a mulher é também aquela que vai se tornar mãe. Ferenczi dará muita importância ao aspecto narcísico na mulher. Segundo ele, ela não sofreria a depressão pós-coito, já que a sexualidade na mulher não pode ser vista fora da procriação. Assim sendo, a mulher não perderia nada no coito, ao contrário, ganharia a esperança de ter uma criança (Ferenczi, 1921/1993c).

O oceano perdido

É no texto "Thalassa: ensaio sobre a teoria da genitalidade" (1924/1993g) que Ferenczi nos apresenta de maneira mais abrangente sua concepção de mulher, mostrada desde sua origem de fêmea até a sua condição de mãe, cujo estatuto tem muitos sentidos. Nesse texto – que, segundo Freud (1933), era o mais brilhante e o mais profundo de seus textos –, Ferenczi faz um estudo que relaciona a ontogênese à filogênese, esta última sendo uma recapitulação da filogênese.

Para explicar as origens da vida sexual e para tentar descrever a dinâmica do funcionamento psíquico do homem e da mulher, Ferenczi faz uso do conhecimento da época em matéria filogenética e cria aquilo que chamou de bioanálise. A catástrofe da emergência dos continentes é o momento primordial, pois é quando os seres vivos andróginos farão uma luta encarnecida para realizar o acasalamento imposto pelas mudanças do ambiente, dando lugar à existência de dois sexos diferenciados. Segundo Ferenczi (1924/1993g), havia necessidade de encontrar uma nova forma de garantir a procriação. Ele nos descreve uma luta de todos contra todos. No curso dessa luta, o macho, vencedor, consegue penetrar o corpo do outro (a fêmea) e ali escavar um canal. Esse primeiro acasalamento é objeto da descrição de uma batalha sem tréguas, uma verdadeira guerra.

As catástrofes que determinam a evolução da espécie, e sobretudo a catástrofe da emergência dos continentes, estariam relacionadas ao desenvolvimento psíquico do ser humano, como veremos no quadro a seguir. O estabelecimento dessa relação, ou seja, de uma ontogênese que nada mais faz do que repetir o desenvolvimento filogenético, equivale a dizer que todo desenvolvimento é uma repetição, ou seja, cada conquista é, na verdade, repetição de uma catástrofe já ultrapassada. Essa relação é feita junto com Freud.[1] Os dois se encantam pela teoria filogenética de Lamarck e resolvem estabelecer uma relação entre as catástrofes da terra e as catástrofes do ser humano.

Quadro 1.1 Quadro Sinóptico dos paralelos onto, filo e perigenéticos

	Filogenia	Onto e perigenia
I. Catástrofe	Aparecimento da vida orgânica	Maturação das células sexuais
II. Catástrofe	Aparecimento dos organismos unicelulares individuais	"Nascimento" das células germinais maduras nas gônadas
III. Catástrofe	Início da reprodução sexuada	Fecundação
	Desenvolvimento da vida marinha	Desenvolvimento do embrião no útero materno
IV. Catástrofe	Secagem do oceano, adaptação à vida terrestre	Nascimento
V. Catástrofe	Era glacial, hominização progressiva	Período de latência

1 Freud escreveu, como sabemos hoje, *Vue d'ensemble des névroses de tranfert* (1915/1985), em que, como em "Thalassa" de Ferenczi, faz uma relação entre a ontogênese e a filogênese de Lamarck.

Esse quadro da história do ser vivo sobre a terra relacionado ao desenvolvimento psíquico do homem atual retoma, de um lado, a ideia do ser andrógino que Freud discute em *Além do princípio do prazer* (1920/1981a), recorrendo ao mito de Aristófanes no Banquete de Platão, e, de outro, a relação entre a ontogênese e a filogênese, que permite a Ferenczi explicar o caráter da repetição no nível da psique e, portanto, a importância da regressão no interior desta. Essas catástrofes transmitidas biologicamente teriam marcado de forma indelével o psiquismo humano.

Pela abordagem que Ferenczi faz da filogênese, ele traçará o perfil da mulher inicialmente agredida e violada pelo macho e, depois, uma mulher passiva, caracterizada pela gentileza, pela sensibilidade e pela intuição. O homem, ao contrário, é o agressor, alguém que não se refinou, que permaneceu em estado bruto, pois não teve que fazer o esforço de adaptação fisiológica e psíquica.

Contudo, é por meio do coito que se sustenta toda a descrição do homem e da mulher feita por Ferenczi, em 1924. O coito seria não apenas a prática sexual do estágio genital, mas também e principalmente uma forma de repetir a batalha travada no momento da emergência dos continentes. Esse trauma teria necessidade de ser repetido para ter um final mais feliz. O coito, expressão da sexualidade genital, reúne, segundo Ferenczi, um universo complexo de símbolos e de traumas, assim como as características das pulsões parciais.

Comecemos por explicar esse último aspecto, a reunião das pulsões. Segundo Ferenczi, a genitalidade é o agrupamento de pulsões que existiram de forma isolada antes do advento da genitalidade. Ao fenômeno de reunião de pulsões orais, anais e uretrais, ele chamou de anfimixia. A genitalidade reagrupa de maneira regressiva as pulsões parciais. O coito é também a repetição cujo objetivo é liquidar os traumas devidos às sucessivas catástrofes, desde o traumatismo do nascimento, catástrofe individual, até a catástrofe da emergência dos continentes que obrigou ao acasalamento. Essas últimas observações encontram sentido na explicação segundo a qual o orgasmo seria a expressão da quietude intrauterina, da existência tranquila em um meio mais acolhedor (meio aquático) e também da quietude que precedia a aparição da vida, a quietude morta da existência inorgânica. O coito tem a capacidade de sintetizar ou de reunir todas as pulsões sexuais, de condensar por suas repetições todas as catástrofes que vão da aparição da vida ao nascimento do sujeito.

A mulher seria detentora desse meio aquático, símbolo do oceano perdido assim como do meio líquido da vida intrauterina. É, ao mesmo tempo, o mar de outrora e a mãe que tem no ventre a criança que deve passar pelo trauma do nascimento. Uma mãe thalássica, um nirvana perdido que traz o mar dentro de si.

Durante o coito, o homem regride até tornar-se um feto no ventre de sua mãe, encontrando ali aquele meio líquido que o engolfa. Estará também imerso de novo no meio aquático, no oceano anterior ao advento dos continentes (Ferenczi, 1924/1993g). Segundo Ferenczi, a mulher, no coito, identifica-se com o homem que tem o pênis e pode, na penetração, encontrar também o útero materno e o oceano perdido. Além disso, ganha a esperança de ter um filho.

A abnegação da maternidade

A maternidade para Ferenczi é a expressão da abnegação da mulher. O fato de ser ela quem suporta as provas mais duras no momento do acasalamento – batalha perdida –, de ter de se adaptar fisicamente, tornaram-na não apenas passiva, afável e sensível, mas também capaz do devotamento que a maternidade exige. Ela possui, em contrapartida, o universo da felicidade que a espécie perdeu.

É certo que Ferenczi considera a mulher como castrada e tendo inveja do pênis, mas contrariamente a Freud, para Ferenczi, a mulher não é objeto de um postulado de falta, pois, tendo sofrido as provas mais duras dos traumatismos das catástrofes, tornou-se um ser superior, e tudo aquilo que poderia aparecer como falha transforma-se nela em qualidade. A mulher é descrita como masoquista, como se o lado sádico não lhe pertencesse, e é esse masoquismo que, de uma certa maneira, é louvado por Ferenczi quando faz uma apreciação sobre a maternidade.

Apesar de toda a defesa da mulher, de considerá-la um ser superior, Ferenczi não foge ao olhar masculino lançado sobre a sexualidade feminina, assim como Freud, pois a mulher, para Ferenczi, também permanece como objeto de um sentimento não menos masculino, dirigido a uma exaltação de seu caráter sublime e intangível.

Nesse rápido esboço que traçamos da mulher, convém ainda precisar os caminhos por onde se insinua a teoria do trauma ferencziano.

O ego invadido pelo agressor, assim como a mulher colonizada pelo homem, contém o essencial da concepção ferencziana de clivagem do ego. Clivagens que são capazes de explodir o ego, fazendo com que este abrigue, após o trauma, um outro ser incorporado com todos os seus sentimentos. Ego e invasor passam a ser um só. Assim, o mundo concebido pelo homem tanto quanto a agressão do adulto que provoca o trauma não são características pertencentes a um outro externo, mas tornam-se, ao contrário, próprias do ego, seja da mulher, seja da criança.

Essa mulher vencida, parte perdedora da batalha do acasalamento, parece muito com a criança descrita por Ferenczi no seu texto "O sonho do bebê sábio" (Ferenczi, 1923/1993e). Ferenczi avança aí a ideia de uma sabedoria própria daqueles que passaram por sofrimentos, uma sabedoria que está presente tanto na mulher quanto na criança abandonada e não desejada. Uma sabedoria adquirida ao preço muito elevado do trauma.

O orgasmo traz a vitória de um desfecho feliz onde a alucinação negativa tem papel fundamental. Uma festa que é comemorada tão bem no coito quanto na comoção psíquica tratada por Ferenczi na traumatogênese.

O oceano, a mãe e o útero materno se reúnem assim num pan-simbolismo que o coito sintetiza. Esse movimento do pensamento de Ferenczi, em que o homem pode mergulhar reencontrando o meio acolhedor de antigamente, ou voar no espaço do universo inteiro, como é o caso na comoção psíquica, é de tal natureza que parece indicar que a psique não conhece fronteiras.

A mãe é apresentada como uma mulher devotada, polo fundamental de uma relação necessariamente forte, à qual o homem ficará para sempre ligado. O conceito de materno que se depreende da obra caracteriza-se por uma disponibilidade oceânica, pela afabilidade e pela capacidade de suportar um parasita inteiramente dependente dela. Quando essa maternidade se torna falha, transforma-se, ao mesmo tempo, na causa principal do trauma.

O adulto

A noção de adulto aparece frequentemente nos textos de Ferenczi, recebendo um lugar e um tratamento todo especial. Levando-se em conta que o objeto externo tem papel fundamental na constituição do sujeito, o personagem principal é o adulto.

Em princípio, tal posição não tem nada de original. Que autor da psicanálise não levou em consideração o papel desempenhado pelos pais, pelo adulto que toma conta da criança? Mas, em Ferenczi, o papel do adulto é, ao mesmo tempo, significativo e muito diverso. Faz pensar que poderia ser um papel mais importante que o da própria criança. Para Ferenczi, tudo o que é externo ao aparelho psíquico, tudo o que vem perturbar a ordem e o ritmo deste, ganha relevo. Faz, assim, contraponto a Freud, segundo o qual a construção da metapsicologia dá ênfase ao que o próprio aparato psíquico é capaz de produzir. Ferenczi parece ver no externo ao aparato o fator determinante para toda mudança possível. No final das contas, em lugar dos fatores endógenos, seriam sobretudo os fatores externos ao sujeito os grandes perturbadores do aparelho psíquico. Não existe aí nenhum radicalismo, como se poderia pensar, pois não põe em dúvida a importância dos fatores endógenos, mas está sempre ressaltando os fatores externos ao mundo intrapsíquico. É por meio de referências ao adulto e ao papel por este desempenhado que nos mostra o fio do seu pensamento.

Como já vimos, o adulto é para a criança o objeto do mundo externo investido e introjetado pelo ego, introjeção esta cujo objetivo é o enriquecimento do ego. Em 1909, ele nos fala dessa introjeção do adulto, pai ou mãe.[2] Desde o momento em que o adulto-objeto-da-introjeção não a perturbe, estará trazendo para o ego suas qualidades. Não se pode desprezar sua importância para a estruturação do sujeito. No exemplo citado, a criança se apropria da onipotência do adulto.

Para Ferenczi, a primeira cisão do ego tem origem no desmame, quando a rejeição da mãe obriga a criança a incluir um adulto

2 "Poder-se-ia esperar que elas (as crianças) considerassem as exigências dos pais visando orientar seus comportamentos e atos como um constrangimento exterior, fonte de desprazer. É, de fato, o caso nos primeiros anos de vida, quando a criança conhece apenas satisfações auto-eróticas. Mas o aparecimento do amor objetal modifica completamente a situação. Os objetos de amor são introjetados: são mentalmente integrados no eu. A criança ama seus pais, quer dizer, se identifica com eles, principalmente com aquele do mesmo sexo – o menino com o pai, a menina com a mãe – vendo-se assim em todas as situações em que se encontra o genitor objeto de identificação. Nessas condições, a obediência não é mais um desprazer; o menino tem inclusive satisfação diante das manifestações da onipotência paterna, **já que, em seus fantasmas**, ele se apropria desta potência e, assim, obedece a si mesmo quando se curva à vontade paterna" (Ferenczi, 1909/1991b, p. 101).

no seu próprio aparato psíquico, como forma de consolo e independência da mãe. Seja com função de protetor, seja na função de auto-observação ou de futura instância crítica, Ferenczi, com tal postulação, dará uma solução mais detalhada do que aquela proposta por Freud em 1923 (Freud, 1923/1981b), quando este introduz que a primeira identificação será narcísica e dará origem ao superego. Essa solução de Ferenczi aparece pela primeira vez no seu texto "Thalassa":

> *Tudo ocorre como se a criança, após essa recusa deveras perturbadora da agressão libidinal oral-erótica por parte da mãe, recanalizasse sua libido para si mesma. Sendo ela própria, ao mesmo tempo, a mãe e a criança (conteúdo intestinal), pode tornar-se independente, no plano libidinal, da pessoa que cuida dela (a mãe). Talvez seja essa a razão fundamental desses traços antagônicos que são, de um modo geral, os produtos de transformação da libido sádico-anal. (Ferenczi, 1924/1993g, p. 271)*

Porém, na maior parte do tempo, o adulto que interessa a Ferenczi é aquele que vem perturbar a criança, seja por seu caráter imprevisível, que a criança não controla; seja porque o adulto é um mentiroso que nega a verdade do vivido da criança; seja ainda porque o adulto possui uma linguagem da paixão que irá invadir a linguagem da ternura, própria da criança. O adulto assim mostrado por Ferenczi ao longo de seus textos é sobretudo alguém que não tem tato na relação com a criança, um adulto pouco cuidadoso, incapaz de ajudar a criança na sua relação consigo mesma.

O adulto escapa ao controle da criança

> *Mas os outros seres vivos, em particular os outros humanos, aparecem à criança como objetos* imprevisíveis, dotados de vontade própria, *e que opõem à sua vontade uma resistência não só passiva como também ativa; é precisamente este caráter de aparente despropósito que incita a criança a transferir seus fantasmas de onipotência sobre seus companheiros humanos particularmente imponentes, os adultos. (Ferenczi, 1913/1992a, p. 31, grifo do original)*

Deixemos de lado o aspecto imprevisível, que trataremos mais tarde, no momento da confusão de línguas, e fiquemos com o que foi desenvolvido pelo autor no texto: o fato de que o adulto, cedo ou tarde, será compreendido pela criança como alguém *dotado de uma vontade própria*. A criança experimentará, num momento ou em outro, o desprazer imposto por esse objeto introjetado (o adulto) que não é completamente controlável, o que desencadeará a transformação dos fantasmas de onipotência. Quando a criança começa a não mais suportar o desprazer interno, ela deve se utilizar do processo de projeção. O adulto tem aí função estruturante. Pelo desarranjo que provoca, o processo de introjeção deixa de ser satisfatório. A criança se vê obrigada a lançar mão do mecanismo de defesa da projeção, fazendo com que a introjeção deixe de ser o único meio de que dispõe o psiquismo.

O adulto e a verdade

Esse aspecto é bem mais complicado. Ferenczi nos repetirá com insistência que o adulto é aquele que, na maior parte do tempo, não diz a verdade para a criança e a quem ela não pode dizer a verdade do seu próprio vivido. Estão em questão a verdade e a mentira, tema que Ferenczi retoma incansavelmente. Se as coisas se completam, é porque, tendo desencadeado o mecanismo da projeção, o adulto guarda ainda o lugar de mediador introjetado no ego da criança. Mas se a criança não pode falar de si para o adulto ou se o adulto a desmente, a proteção da qual ele era fiador fracassa, tornando inevitável o trauma.[3] Certamente o adulto pode se tornar perigoso quando se furta à função de mediador, mas Ferenczi vai mais longe dizendo que o desmentido do adulto é a razão mesma do trauma.

> *O pior é realmente o desmentido, a afirmação de que nada se passou, que não se esteve mal e mesmo de apanhar e ser repreendido quando se manifesta a paralisia traumática patogênica. Tem-se mesmo a impressão que esses choques graves são ultrapassados, sem amnésia nem conseqüência neurótica, se a mãe estiver presente, com toda sua compreensão, sua ternura, e, o que é mais raro, com uma total sinceridade. (Ferenczi, 1931/1992g, p. 79)*[4]

Geralmente, falta ao adulto a capacidade de escutar como verdade o que é verdade para a criança, a sua vivência, e também a de ser sincero. Neste texto, como se vê, não se trata de uma vivência qualquer da criança, mas de um vivido cheio de significações que o desmentido tornará patogênico. Essa questão do trauma já foi

---

3 "certas crianças inteligentes . . . tomam os adultos por loucos furiosos aos quais é impossível dizer a verdade sem arriscar uma punição e cujas inconseqüência e aberrações devem ser levadas em consideração. Este ponto de vista das crianças não é, talvez, inteiramente sem fundamento." (Ferenczi, 1912/1991e, p. 186)

4 Esta citação foi feita do texto em francês que usa a palavra "desaveu"; na edição da Martins Fontes, a tradução optou pelo termo "negação". Como me parece que desmentido se distingue do conceito de negação na psicanálise, optei sempre pelo emprego do termo desmentido, mais apropriado para a proposta de Ferenczi.

tratada anteriormente (Pinheiro, 1989); o que interessa aqui é a relação que o adulto estabelece com a verdade de uma maneira geral, assim como a verdade da vivência da criança.

O adulto é mostrado como alguém que não suporta a verdade da criança. Diante do vivido infantil, o adulto nega sua veracidade. Parece que o modo do funcionamento psíquico da criança é insuportável. Assim como a criança tem dificuldade para suportar o mundo perigoso dos adultos.[5] Afrontado pelas sensações da criança, esse adulto só teria um interlocutor possível: alguém semelhante a si mesmo, outro adulto.

Quem é o adulto?

Fiz de mim o que não soube,

...

Conheceram-me logo por quem não era
e não desmenti, e perdi-me.

(Pessoa, 1983, p. 339)

Encontramos no Aurélio a definição de adulto como sendo: 1. Que chegou ao uso da razão ou à idade vigorosa. 2. Que atingiu a maioridade.

Para nós, na psicanálise, porém, o que significa "adulto"? Estaríamos todos de acordo em dizer que o adulto é alguém que tem um aparelho psíquico cindido, resultado de sua confrontação com a castração, que é movido por um desejo inconsciente e cuja história

5 "Os adultos exigem que ela (a criança) considere como 'más' coisas que lhe são agradáveis e como 'belas' e 'boas' renúncias penosas. Este duplo sentido do 'bom' e do 'mau' (de um lado bom e mau gosto, por outro lado o que se faz e o que não se faz) intervém em grande medida para levar ao descrédito sobre o que pretendem os outros a respeito das sensações pessoais das crianças" (Ferenczi, 1913/1992a, p. 33).

dos próprios investimentos determinou seu referencial identificatório. Além disso, é alguém que possui um vocabulário mais ou menos extenso que lhe permite relacionar-se com os membros de sua comunidade.

Esse adulto, tendo atravessado mal ou bem o curso de sua história, estruturou de maneira complexa seu aparato psíquico. Às vezes, pagou um preço bastante alto por isso. E mesmo que a morte não seja representável, é alguém que tenta representá-la para si mesmo. Sabemos que a tarefa imposta a este psiquismo, seja pela exigência da pulsão, seja pela exigência da cultura, é barreira dura de se ultrapassar. Com quanto sofrimento, quanta mágoa, quanta decepção foi preciso se defrontar. Decepção, drama, tragédia, geralmente são essas as palavras da história de cada um, ao longo de suas falas, num momento ou outro de sua vida. É a partir dessa história, trágica ou dramática, com seus encontros, desencontros e mal-entendidos, que o adulto pode "tornar-se". Enganado por si mesmo e pelos adultos de sua infância, o adulto é aquele que traçou o seu caminho como pôde. Suas verdades, seus valores, sua lucidez escondem geralmente alguém que se enganou e se perdeu. A ilusão que ele se forja de uma lógica onde tudo se encadeia nada mais é que um outro equívoco, mas é por aí que ele se reconhece. O que ele é e a história de seus investimentos são o seu maior tesouro, mesmo que, às vezes, seja pesado carregá-lo: "É preciso ter vivido afetivamente, experimentado na carne, para atingir um grau de certeza que merece o nome de 'convicção'" (Ferenczi, 1908/1991a, p. 1).

No final das contas, o adulto é aquele que só faz se repetir, por meios mais ou menos sofisticados, mudando os atores em quem cola os personagens antigos de sua pré-história: "No mais profundo de nosso ser nós permanecemos criança e permaneceremos por toda a nossa vida. *Arranhe o adulto e você encontrará a criança*" (Ferenczi, 1909/1991b, p. 93, grifo do original).

O adulto face à criança

Aparece no final das contas que a criança ávida de amar mas inquieta, persiste no adulto, e que todo amor, ódio e medo posteriores sejam somente transferências ou, como diz Freud, reedições de movimentos afetivos que apareceram na primeira infância . . . depois foram recalcados no inconsciente.

(Ferenczi, 1909/1991b, p. 93)

Portador em si mesmo de seus traumas encravados, o adulto fará todo o possível para não se confrontar nunca mais com as mesmas cenas traumáticas que o obrigaram, para sobreviver, a se cindir. O contato com a criança é, sem dúvida, alguma coisa que o mobilizará no mais íntimo de si mesmo. Que investimento o adulto pode ter com relação a seu filho? Que projeto tem ele quando decide ter um filho? Por mais estranho que possa parecer, a bibliografia psicanalítica sobre esse assunto é bastante pobre, mesmo que aí se tenha muito para refletir. Não me proponho a responder a essas questões, pelo menos não aqui, mas é importante constatar, após o que foi colocado, que o contato estreito de um adulto com uma criança significa algo que coloca em questão a organização psíquica do adulto.

Se o projeto do adulto de ter um filho tem por meta reparar a sua própria história e se isso for levado a extremos, então a solução de uma relação simbiótica pode tornar-se imperativa. Se, ao contrário, a imagem da criança se impõe como separada do corpo da mãe, personificando ao mesmo tempo a sua própria carne e um ser estranho, a criança, nesse caso, pode tornar-se o perseguidor da mãe e a imagem do seu próprio horror em vez de ter o *status* de "Sua majestade o bebê", preconizado por Freud.

De qualquer maneira, a criança virá, a todo momento, lembrar o eventual horror que o adulto tanto fez para esquecer, ou tentou, à sua maneira, exorcizar.

Esse adulto é e será para sempre uma criança. Todo ser humano é uma espécie de sonâmbulo, mesmo que lance toda a sua energia para se crer um ser humano adulto e desperto.

A introjeção

Eu adoro todas as coisas

...

Tenho pela vida um interesse ávido
Que busco compensá-la sentindo-a muito

...

Amo tudo, animo tudo, empresto humanidade a tudo,
Aos homens e às pedras, às almas e às máquinas,
Para aumentar com isso a minha personalidade.
Pertenço a tudo para pertencer cada vez mais a mim próprio
E a minha ambição era trazer o universo ao colo
Como uma criança a quem a ama beija.

(Pessoa, 1983, p. 339)

O processo de introjeção

Em 1909, Ferenczi conceituou pela primeira vez o processo de introjeção, postulando-o como primeiro e único processo psíquico (Ferenczi, 1909/1991b). Contudo, é no texto de 1912,"O conceito de introjeção" (Ferenczi, 1912/1991d), escrito com o objetivo de esclarecer a proposta de 1909 e desfazer os possíveis enganos conceituais, que encontramos sua melhor definição. Nesse texto, Ferenczi nos apresenta o processo de introjeção como sendo a extensão do investimento dirigido aos objetos, a absorção do mundo externo na esfera do ego e uma metabolização dessa apropriação.

> *Eu descrevi a introjeção como a extensão ao mundo externo do interesse, autoerótico na origem, pela introdução dos objetos exteriores na esfera do ego. Insisti nessa "introdução", para sublinhar que considero* todo amor objetal *(ou* toda transferência*) como uma extensão do ego ou* introjeção, *tanto no indivíduo normal quanto no neurótico (e no paranoico também, naturalmente, na medida em que ele conservou essa faculdade). (Ferenczi, 1912/1991d, p. 181, grifos do original)*

Podemos compreender, portanto, o conceito de introjeção como sinônimo de amor ou tranferência decorrentes da expansão da pulsão, autoerótica na sua origem, até o objeto.

O ponto de partida do pensamento ferencziano não é muito diferente da proposta de Freud no texto "Introdução ao narcisismo", publicado cinco anos após o texto "Transferência e introjeção". Há em ambos a proposta de um psiquismo concebido inicialmente como uma mônada ou como autoerotismo onde "uma nova ação psíquica" provocaria a mudança da direção pulsional para o objeto, como é mencionado por Freud no texto de 1914, e que para Ferenczi seria a própria introjeção.[6] Ainda nesse mesmo texto, Ferenczi explica que, após a projeção primitiva, ou seja, após defender-se do desprazer pela via da projeção primitiva, teria lugar a introjeção primitiva, que é assim explicada:

> *Entretanto, uma parte maior ou menor do mundo externo não se deixa expulsar assim tão facilmente do ego,*

6 "Pode-se pensar que o recém-nascido experimenta todas as coisas de maneira *monista*, que se trate de um estímulo externo ou de um processo psíquico. Só mais tarde a criança aprenderá a conhecer a "malícia" das coisas, aquelas que são inacessíveis à introspecção, rebeldes à vontade. O monismo converte-se em dualismo" (Ferenczi, 1909/1991b, p. 85, grifo do original).

> *mas persiste em impor-se, como que por desafio: ama-se ou odeia-me, "combate-me ou sê meu amigo!"*[7] *E o ego cede a esse desafio, reabsorve uma parte do mundo externo e a incluirá em seu interesse: assim se constitui a primeira introjeção, a "introjeção primitiva". O primeiro amor, o primeiro ódio, realizam-se graças a transferência: uma parte das sensações de prazer ou desprazer, autoeróticas na origem, deslocam-se para os objetos que as suscitaram. (Ferenczi, 1909/1991b, p. 85)*

A introjeção é um processo do aparelho psíquico, longo, complexo e extremamente laborioso. Não é um fenômeno isolado que ocorre nesse aparelho de maneira aleatória. Na obra ferencziana, a introjeção é a própria forma de funcionamento desse aparelho, aquilo que o psiquismo pode e sabe fazer, mas sobretudo traz embutida em si uma noção de produtos, como representar, produzir fantasma e identificações. O restante seriam mecanismos de defesa entendidos aí como dispositivos eventuais usados pontualmente quando necessários, incapazes de produzir algo na esfera psíquica. A projeção é o oposto da introjeção não apenas no sentido da direção em que atuam, mas também porque obedecem a metapsicologias diferentes: uma é um processo e a outra, um mecanismo de defesa. Sem dúvida, a introjeção também possui uma função defensiva quando Ferenczi a ela atribui a produção de fantasias. No entanto, essa função defensiva do representar, das fantasias e das identificações seriam defesas diante do desamparo, e não mecanismos de defesa diante do desprazer.

7 Wagner, *O crepúsculo dos deuses*, ato 1.

Introjeção e a apropriação do sentido

A ideia de introjeção como resultado propriamente dito do movimento libidinal aparece muito claramente no texto citado. Nele, Ferenczi é incisivo: diz que unicamente pela introjeção é que um sentido torna-se passível de ser apropriado. Dito de outra maneira, é a introjeção que, pela inclusão do objeto, começa a povoar de representações o aparato psíquico. Nesse caso, no entanto, o objeto nada mais é que o suporte daquilo a que visa a introjeção, ou seja, a apropriação das representações investidas das quais o objeto é portador.

São as representações investidas pelo objeto e, por conseguinte, o próprio mundo simbólico de que o objeto é portador que a introjeção visa incluir na esfera psíquica. O fator primordial desse conceito, para Ferenczi, será o fato de a introjeção dizer respeito à linguagem, ao mundo de representações do objeto, à ordem de valores, ao investimento e ao sentido, mais do que ao objeto em si introjetado como parece ser, por exemplo, a proposta de Klein, quando usa o conceito de introjeção. Em Ferenczi, o objetivo da introjeção refere-se sobretudo à subjetividade, trata-se de trazer para a esfera psíquica os sentimentos do objeto, este funcionando apenas como suporte das representações já investidas que traz consigo. Essas representações carregadas de sentido possibilitam ao aparelho psíquico apropriar-se do que lhe falta: o sentido. Se tomarmos como exemplo a introjeção do seio, o fundamental nesse processo será a inclusão da noção de prazer ou desprazer desse seio em amamentar. O objeto seio nada mais é que suporte dos sentimentos, dos sentidos que traz consigo, estes, sim, essenciais. As primeiras identificações têm como função básica mediar – dando sentido ao que não tem, possibilitando assim uma circulação interna capaz de produzir outros sentidos.

Isso nos permite supor que, para Ferenczi, a inclusão na esfera psíquica do diferencial prazer/desprazer (responsável pela instauração da ordem psíquica sob a regência do princípio do prazer) seria necessariamente realizada pela primeira introjeção. É o primeiro objeto introjetado que inauguraria o sentido de prazer ou desprazer.

Se é o processo de introjeção que possibilita a inscrição do diferencial prazer/desprazer no aparelho psíquico, é ele que funda esse aparelho; é ele que implanta a ordem da sexualidade por meio do princípio do prazer. Afirmando que a introjeção é o primeiro processo psíquico, Ferenczi anuncia, por assim dizer, sua intenção de atrelar a introjeção à ordenação psíquica propriamente dita.

Em 1905, tentando explicar o seu conceito de pulsão, Freud (1905/1962) se viu obrigado a recorrer à noção de apoio; o prazer psíquico era, de alguma maneira, um desvio da satisfação instintiva, estaria inicialmente apoiado nesta última. Contrariamente a isso, já que coloca a introjeção como base constitutiva da subjetividade, Ferenczi não precisa da noção de apoio para dar conta da pulsão ou da constituição do aparato psíquico. O processo de introjeção já é necessariamente uma produção de sentido sem nenhum vínculo com a ordem somática.

Na verdade, a introjeção é, ao mesmo tempo, uma qualidade da pulsão (cujo processo é fiador do movimento contínuo de investimento num universo concebido desde o início como intersubjetivo), bem como a responsável pelo advento do sexual no aparato psíquico. A questão assim colocada nos leva a concluir que, antes da primeira introjeção, nenhuma ordem está prevista, o que distancia o pensamento ferencziano de toda noção naturalista do homem. No aparato psíquico concebido por Ferenczi, é a introjeção que determina a imersão no universo simbólico da subjetividade. Essa ideia opõe-se à ideia de mundo da natureza.

Fantasia e identificação, dois produtos da introjeção

O processo de introjeção, como vimos, é o responsável pela apropriação do sentido, sendo necessariamente o processo capaz de instaurar o diferencial prazer/desprazer. É, portanto, inaugurador do aparato. Ferenczi nos diz que introjetar é tudo o que esse aparelho sabe fazer, e os produtos resultantes serão a representação, a associação de representações que produzem a fantasia. A introjeção diz respeito à produção imaginária. Esse aparelho que se apropria do sentido dado pelo objeto é necessariamente um aparelho de interpretação do desejo do outro. Será capaz de forjar as identificações por traço, como as descritas por Freud na etiologia da histeria. Será também capaz de articular, por deslocamento, cadeias de representações no movimento da tranferência ou do amor narcísico descrito por Ferenczi em "Transferência e introjeção" quando ele nos diz que "o homem só pode amar a si mesmo, e a ele só; amar um outro equivale a integrar este outro em seu próprio ego" (Ferenczi, 1912/1991d), em uma articulação da cadeia associativa onde a dialética da interpretação do desejo do outro obriga ao movimento da condensação (identificação histérica).

Vejamos como Ferenczi descreve a produção fantasmática como resultado da introjeção:

> *Observamos na neurose um processo diametralmente oposto. Pois enquanto o paranoico projeta no exterior as emoções que se tornaram penosas, o* neurótico procura incluir em sua esfera de interesses uma parte tão grande quanto possível do mundo externo *para fazê-lo objeto de fantasias conscientes ou inconscientes. Esse processo, que se traduz no exterior pela* Süchtigkeit[8]

8 Ferenczi recorre aqui ao termo alemão para exprimir a noção que definiu mais acima pelos termos "impulso", "tendência" e "aspiração".

> *dos neuróticos, é considerado um processo de diluição, mediante o qual o neurótico procura atenuar a tonalidade penosa dessas aspirações "livremente flutuantes", insatisfeitas e impossíveis de satisfazer. Proponho que se chame introjeção a esse processo inverso da projeção. (Ferenczi, 1909/1991b, p. 101, grifos do original)*

É por meio da introjeção que o psiquismo pode se apropriar de um sentido dado pelo outro. Ela é um movimento cuja descrição e finalidade só podem ser entendidas via atributos da libido. Essa apropriação pode se dar pela identificação.[9] Por seu movimento contínuo e sem desvios, a introjeção é, assim, a artesã do corolário identificatório e também a responsável pela inclusão, na esfera psíquica, das representações e suas associações entre si, determinando e permitindo ao sujeito estruturar-se narcisicamente.

Introjeção como o avesso da pulsão de morte

A introjeção como primeiro movimento psíquico traria o esboço de formação egoica, sem que tal instância sequer tivesse sido

9 "Tudo considerado, o fato de as crianças obedecerem a seus pais de bom grado e mesmo com prazer não é uma coisa evidente. Poder-se-ia esperar que elas considerassem as exigências de seus pais visando orientar seu comportamento e atos como coerção exterior, portanto, uma fonte de prazer. Com efeito, é esse o caso nos primeiros anos de vida, quando a criança só conhece satisfações autoeróticas. Mas o aparecimento do amor objetal modifica a situação por completo. Os objetos de amor são introjetados: são mentalmente integrados ao ego. A criança ama seus pais, ou seja, identifica-se com eles sobretudo com os do mesmo sexo – o rapaz com o pai, a menina com a mãe – vendo-se assim em todas as situações em que se encontra aquele dos pais que tiver sido objeto de identificação. Nessas condições, a obediência deixa de ser um desprazer; o rapaz sente inclusive satisfação diante das manifestações da onipotência paterna, dado que em suas fantasias apodera-se dessa potência e, portanto, está obedecendo somente a si mesmo quando se dobra **à vontade paterna.**" (Ferenczi, 1909/1991b, p. 84)

vislumbrada. Seria a partir do movimento megalômano da libido de apropriar-se de tudo, de a tudo unir-se, que o psiquismo se manifestaria pela primeira vez. Essa força libidinal viria responder ou fazer frente à questão da própria precariedade humana que parece inevitável. Viria responder à luta entre a vida e a morte com a qual se depara o recém-nascido, seria o reverso da ação da pulsão de morte. O que fica claro da visão ferencziana é o fato de a pulsão de morte encontrar-se fora do debate nesse momento, fora da questão psíquica.

Ferenczi não é o primeiro nem o único teórico da psicanálise a conceber a construção narcísica como trama exclusiva da libido. A fundação do edifício egoico parece ser possível somente por aglutinação, apropriação de tudo, homogeneização dos componentes, transformação do estranho em familiar. Eliminando diferenças, tornando semelhante, derrubando barreiras, tapando vazios, transformando enigmas em obviedades, assim é a libido, assim é o narcisismo. Fazer do outro eu próprio, do misterioso o mais claro, pasteurizando as diferenças. Desse modo, junta-se laranja com banana e torna-se possível a onipotência tão decantada do narcisismo. Espanta-se o desamparo, a falta, a precariedade humana. É, afinal, contra isso mesmo que o narcisismo se ergue, como a outra face da pulsão de morte, da agressividade, então, dirigida para fora, para o outro, para o que não aceita ser familiar e igual, aquilo que insiste na dessemelhança e transforma o estranho em perigoso inimigo. A montagem do narcisismo talvez seja o primeiro e maior drible que se consegue fazer diante da castração, antes de nos rendermos a ela, de nos sujeitarmos a aceitá-la. Construímos o edifício narcísico para podermos um dia aceitar a castração. Ferenczi, em 1909 e 1912, não dispunha do conceito de narcisismo, introduzido por Freud somente em 1914, mas já é dele que fala nos seus textos. Podemos ler sua postulação da introjeção já como funcionamento defensivo diante da castração, contra o desamparo. Representar, fantasiar, identificar-se seriam os dispositivos de que dispomos para tapar a falta e o desamparo. Troca-se a coisa pela representação, o horror do desamparo pela quimera. Esse aparelho psíquico de Ferenczi se instaura na ordem da sexualidade, mas, antes de tudo, como dispositivo para se arcar com a castração.

O movimento do processo de introjeção vem a ser um movimento libidinal de inclusão de tudo aquilo que for passível de ser incluído no psiquismo naquele momento; de um movimento que em nada se diferencia do narcísico, movimento totalizante em que a apropriação das qualidades do objeto funciona como possibilitadora da apropriação do sentido que compõe junto com o objeto as bases identificatórias do que mais tarde formará o aparato egoico como um todo. Estamos, então, diante da questão do narcisismo; poderíamos dizer, aliás, que a questão ferencziana nesse momento se encontra e esbarra no conceito de narcisismo. Se é a partir de "Totem e tabu" que Freud arregimenta material para escrever, em 1914, sobre o narcisismo, Ferenczi certamente não dispunha, em 1909, de nenhum instrumental teórico para abordar o que seria o ponto central de sua tese.

É precisamente a partir desse ponto – em que o psíquico é concebido como sendo capaz de introjetar – que Ferenczi nos mostra como se faz a inserção humana no mundo simbólico. Toda sua obra será, aliás, orientada por essa ideia. A partir de então, Ferenczi vai se ver obrigado a tentar dar conta, por um lado, das questões teóricas que daí decorrem – a subjetividade na sua vertente narcísica e simbólica, e as implicações pulsionais – e, por outro lado, das questões impostas pela clínica psicanalítica. Esses dois percursos superpostos levarão à questão maior na obra ferencziana: o trauma, ou, se preferirmos, a teoria do trauma que compreende tanto os traumas estruturantes, necessários, inevitáveis ou filogenéticos, e o trauma que, ao contrário, coloca em risco toda a organização psíquica.

Contudo, essas introjeções ou essa apropriação simbólica obedecem a uma ordem hierárquica de complexidade. Colocado dessa forma, é como se existissem introjeções possíveis e outras não, num determinado momento da organização desse aparelho psíquico. Haveria sentidos passíveis de serem assimilados pela organização psíquica em formação e outros não metabolizáveis naquele momento.

A introjeção impossível

Se Ferenczi, ao longo de sua obra, fala de introjeção, o significado, porém, não se mantém constante. Mencionado pela primeira vez em 1909 e retomado em 1912, esse conceito será utilizado por Ferenczi para um conjunto de significações radicalmente opostas.

Maria Torok ressalta com pertinência a evolução do conceito (Abraham & Torok, 1978b, pp. 259-277). Torna-se claro que aquilo que Ferenczi chama de a "introjeção do agressor" em 1932 é a ausência propriamente dita da introjeção. Para resolver esse problema de terminologia, Torok e Abraham decidiram chamar de "incorporação" a introjeção do agressor, ou seja, a introjeção que não acontece, o que facilita muito a compreensão das diferenças entre a introjeção de 1909 e a mencionada em 1932.

É exatamente porque a introjeção não pôde se realizar que acontece a incorporação. Na impossibilidade do processo de introjeção ir a termo, a solução encontrada pelo ego é a de fazer de conta que houve a introjeção. Se o processo de introjeção iniciado não pode ir até o fim, o fantasma da introjeção (a incorporação), por seu caráter mágico e instantâneo, acalmará os perigos possíveis de uma não introjeção.

Mentirosa por natureza, a incorporação conta uma falsa história ao ego, pois traz em si a própria clivagem. A incorporação instala no aparato, dessa vez, não a mediação da introjeção, mas uma mentira que deverá ser escondida para sempre.

Não se trata também do recalcado da histérica que é suscetível de ser despertado pela lembrança. A incorporação seria, segundo Torok, algo que é nomeado, mas proibido de ser dito. Ferenczi dirá mesmo que não existe traço nenhum do trauma, e a incorporação ou a identificação com o agressor é aquilo que ocupa o lugar dessa não inscrição. Voltemos a Torok: sua proposta é que a incorporação se distingue da introjeção, porque a incorporação não é um processo, mas um fantasma cuja característica primeira é o imediato de sua realização. De alguma maneira mantida em segredo, nela o objeto não traz consigo os sentidos que enriquecem o ego. Na incorporação, não há introjeção dos sentidos de que o objeto é portador. Seu objetivo é fazer crer na realização da introjeção que, de fato, não houve.

> *Ela (a incorporação) tem por objetivo, no final das contas, recuperar de modo mágico e oculto, um objeto que, por alguma razão, se furtou a sua missão: mediatizar a introjeção do desejo. Ato eminentemente ilegítimo, já que recusando o veredicto do objeto e da realidade, a incorporação, assim como o desejo de introjetar que ela dissimula, deve se subtrair a todo olhar estrangeiro, compreendido aí o do próprio ego. Para sua sobrevivência, o segredo é exigido: uma diferença a mais com a introjeção que, pela sua forma própria, e graças a seu instrumento privilegiado, a nominação, opera a luz do dia. (Abraham & Torok, 1978a, p. 237)*

A introjeção não se realiza, seja porque o objeto de interesse desapareceu, seja porque o objeto não possui as condições necessárias para servir de mediador. E é aí, neste último, que reside a própria causa do trauma. O mecanismo de incorporação nos dá a dimensão dramática que é, num determinado momento, a não realização da introjeção, a interrupção desse processo.

A concepção de símbolo

É a partir da concepção do aparelho psíquico como capaz de introjetar que Ferenczi nos mostra como se faz a inserção humana no mundo simbólico. Toda sua obra será, aliás, orientada por essa ideia. A partir daí, Ferenczi vai se ver obrigado a tentar dar conta das questões teóricas decorrentes, como a subjetividade na sua vertente narcísica e simbólica e as implicações pulsionais. Restam também as questões impostas pela clínica psicanalítica. Esses dois percursos superpostos levarão, como já vimos, à questão maior na obra ferencziana: o trauma, ou, se preferirmos, a teoria do trauma, que compreende tanto os traumas estruturantes, necessários, inevitáveis ou filogenéticos, quanto o trauma que, ao contrário, coloca em risco toda a organização psíquica.

A noção de simbólico acompanha a obra de Ferenczi desde o início. No seu primeiro texto, de 1908 (Ferenczi, 1908/1991a),[10] ao comentar a questão da neurastenia, coloca a mulher do início do século como colonizada pelo psiquismo do homem. A questão da apropriação do sentido do outro já se colocava desde então.

O sentido de realidade: do grito à palavra

É em 1913, porém, no texto "O desenvolvimento do sentido de realidade e seus estágios" (1913/1992b), que, pela primeira vez, Ferenczi tenta sintetizar sua noção de acesso à linguagem. Ferenczi enfatiza aí uma visão do psiquismo humano como tendo se organizado a partir da castração e da falta. A onipotência aparece,

10 A citação que encontramos no início deste capítulo é exemplar aqui também.

então, como a melhor e maior defesa diante delas, e o desejo como o sofrimento terrível, pois é o atestado de que foram vislumbradas, de perto ou de longe. Esse texto é uma leitura, sob a ótica da linguagem, de "Totem e tabu", escrito por Freud dois anos antes. Nele, Ferenczi nos apresenta o ser humano como montado na onipotência do gorilão de "Totem e tabu" e preguiçoso por excelência. O longo caminho entre o autoerotismo e a linguagem verbal se dará aos trancos, com violência, porque a "malícia dos objetos" assim o impõe. É também porque o mundo se amplia e o desejo se impõe que a onipotência vai fracassando. Não basta mais apenas desejar para que as coisas aconteçam, depois não basta só apontar para receber o desejado. Pior que isso, pode vir a coisa errada. Querendo Nescau, apontando a mamadeira e recebendo... água. É imperioso falar, o último recurso e o mais sofisticado diante do desejo que não se acalma nunca.

No texto, o pensamento da criança e do obsessivo têm um único e mesmo objetivo: não ter mais que desejar. Vejamos a análise de Jurandir Costa sobre esse texto de Ferenczi:

> *O objetivo de Ferenczi neste trabalho é mostrar a gênese ou aquisição do sentido de realidade. Em meio a demonstração aparecem as afirmações sobre a natureza das obsessões. O obsessivo é descrito como alguém que, à semelhança da criança, não renunciou à "onipotência do pensamento" ou "onipotência incondicional". Que onipotência é esta? É a "impressão de ter tudo o que se quer e não ter mais a desejar". O "desejo de nada desejar" em contrapartida persistia insaciável. Estava sempre no ponto zero da satisfação. Era este desejo que voltava à tona nos diversos estágios de aquisição do sentido de realidade, obrigando o psiquismo a criar formas de expressão que dessem conta desta exigência:*

gestos mágicos, pensamentos mágicos etc. Na dinâmica ferencziana, portanto, era a onipotência incondicional e não a pulsão o que movia o psiquismo em direção a novos objetos e novos métodos de satisfação. (Costa, 1988a, pp. 42-43)

O desejo de nada desejar é uma aspiração fadada ao fracasso: "a mão estendida volta vazia, o objeto cobiçado não acompanha o gesto mágico", nos diz Ferenczi. O simbolismo gestual é obrigado a ser substituído pelo simbolismo verbal. É esse ambiente que antes atendia a tudo que começa a fracassar e a impor sua linguagem verbal, a única, segundo Ferenczi, que permite a adaptação à realidade, retardando a descarga motora reflexa e a liberação do desprazer.

A palavra ganha aí um estatuto específico de tampão para a impossibilidade de completude. O ato de representar verbalmente passa a ser algo imposto pelo meio simbólico, além de ter a função de tampão da angústia, do desamparo e de freio da pulsão de morte. Melhor resultado da desintrincação pulsional, a palavra funciona como intermediário, como portadora da ambiguidade própria do simbólico. Isso é possível graças à ambivalência que o objeto necessariamente evoca.

O oceano perdido e a cadeia simbólica

Em 1924, no texto "Thalassa: ensaio sobre a teoria da genitalidade", a noção de simbólico se sofistica ainda mais: a mulher é símbolo da mãe que, por sua vez, é símbolo do mar de antigamente. Esse texto de Ferenczi, que Freud sempre considerou uma obra-prima, é o esforço de conciliar a filogênese de Lamarck, tão cara a esses dois pioneiros da psicanálise, com a teoria do desenvolvimento do aparelho psíquico. O meio aquático de antes da emergência dos continentes funciona como ideia de plenitude perdida, de um tempo em que não havia desejo, nada havia a desejar. A filogênese lamarckiana cai como uma luva na trajetória ferencziana, funciona como apoio mítico, pois a plenitude é colocada num passado anterior ao surgimento do ser humano. Só tem, portanto, existência na linguagem. Nesse sentido, se para Ferenczi a plenitude perdida deveria ter um referencial, este era encontrável na concepção mítica de Lamarck.

A felicidade de antes da diferenciação dos sexos é incessantemente procurada, mas só encontrada parcialmente. O símbolo em Ferenczi, como nos indica Abraham (1978), tem a configuração de uma nova determinação, mais feliz (já que nega a perda do mar), de termos que antes eram incompatíveis e que são submetidos a uma in-determinação capaz de harmonizá-los. Essa in-determinação é a própria ambiguidade, a sobredeterminação postulada por Freud, a polissemia que nos permite transitar melhor na dura tarefa de viver. Assim, o sistema inconsciente sai do papel de vilão que ocupou no início da construção teórica da psicanálise. De somente capaz de produzir sintomas incômodos, de gueto do recalcado nefasto, pois deixava esse ser humano cego e escravo de um si-mesmo desconhecido, aqui ele ganha um novo lugar, o de generoso artesão de uma palavra que só aparentemente consegue ser unívoca e, com isso, funciona como um colchão confortável diante da privação da onipotência e do sofrimento do desejo.

Na teoria da genitalidade ferencziana, a umidade da mulher durante o coito simboliza, para o homem, o útero materno perdido e este, por sua vez, simboliza o mar de antes da emergência dos continentes, e não ao contrário. Não é o mar – Thalassa – que simboliza a mãe ou a mulher, e sim a mãe que é porta-voz, ou portadora, do mar de outrora, ou, se preferirmos, da plenitude perdida. A repetição nesse caso obedece ao princípio do prazer, já que é uma repetição da busca de uma plenitude que, na verdade, jamais existiu. O que Ferenczi acrescenta de fundamental nesse texto é a exigência de uma negação, ou, como ele preferiu chamar, de uma alucinação negativa que produz o gozo e a possibilidade simbólica. Podemos pensar na plenitude oceânica perdida como um significante primeiro, de fato inexistente, mas com referente imaginário do antes da catástrofe da emergência dos continentes.

A afirmação do desprazer

No texto de 1926 "O problema da afirmação do desprazer" (Ferenczi, 1926/1993h), texto que se pauta no artigo de 1925 de Freud "A negação" (Freud, 1996a), a afirmação do desprazer nunca é um ato simples. É sempre duplo: "existe inicialmente uma tentativa de negar o desprazer enquanto fato, depois é necessário um esforço para negar esta negação. O positivo, o reconhecimento do mau, parece ser sempre o resultado de duas negações".

Porém, logo no início do texto, Ferenczi volta à questão da onipotência e mesmo à ideia de que, antes das primeiras decepções, a criança acreditaria possuir uma onipotência incondicional e acredita nela quando a eficácia da realização do desejo está vinculada à observância de certas condições até que se torne imperativo reconhecer o desprazer. Pois, "Se o ~~não~~ reconhecimento de um ambiente hostil representa um desprazer, seu não-reconhecimento acarreta, em geral, um ainda maior desprazer; o menos desprazeroso se torna então prazeroso e pode ser afirmado como tal" (Ferenczi, 1926/1993h, p. 396).

A teoria da desintrincação pulsional nos é apresentada como o mecanismo de uma máquina de calcular, em que o positivo seria sempre o resultado de duas negações anteriores sucessivas. Menos com menos dá mais. Diante da ambivalência do objeto, inicialmente com as marcas de mais e menos, o sujeito tenta inicialmente livrar-se do sinal negativo do objeto para ficar só com o sinal positivo. Como esse mecanismo fracassa, pois a "malícia das coisas" assim o determina, a afirmação do negativo terá necessariamente que passar pela soma das duas negações. O cálculo passará a ser feito por esse ego que, fadado a reconhecer a realidade das coisas e dos fatos, deverá sempre calcular o menos desprazeroso e fazer desse resultado um prazer.

Na teoria da desintrincação pulsional é a liberação de Tânatos que permite a separação da representação e da coisa, e a ação de Eros é ela mesma isolada. Ferenczi pôde assim chegar a uma outra concepção da ação e da função simbólica.

Ainda que só Eros seja capaz de representar, é necessária a ação de Tânatos que separa coisa de representação, que possibilita o acesso à alteridade, que dá à representação o seu estatuto simbólico. Mas se Tânatos funcionar sozinho, sem entrar na dialética do "mais" e do "menos" ou do "menos com menos", capaz de um terceiro elemento que reconhece a ação anterior, então estaríamos diante do negativismo psicótico em que Eros não faz o produto final da representação ambígua.

A linguagem em sua função simbólica vem então responder a uma demanda pulsional complexa e não satisfeita. Na impossibilidade de manter a onipotência de acordo com o princípio do prazer, a linguagem visa inicialmente o retorno a esse estado de um ser não desejante. Mais tarde, a complexidade do meio simbólico conduzirá à desintrincação pulsional introduzindo o primado da evitação do desprazer. A função simbólica é, pois, realizada pela ação da pulsão de morte e pela sua negação. Esses dois elementos se encontram em primeiro plano na teoria do trauma patológico, seja pelo caráter radical da clivagem que a incorporação do agressor impõe, seja pelo desmentido e pelo efeito de não inscrição que provoca. Contrariamente ao recalcamento que repele para o inconsciente as representações incompatíveis – onde fazem jus ao recalcamento pois satisfazem a exigência de sobredeterminação, própria do inconsciente –, as representações do trauma patológico, em Ferenczi, são obrigadas a desaparecer sem deixar traços.

2. A teoria do trauma e a traumatogênese

O trauma

Ferenczi manifestou um interesse constante pelo conceito de trauma. Lendo sua obra, percebemos rapidamente que o trauma pressupõe a intervenção de um fator exógeno que impõe uma mudança do aparelho psíquico.

Antes de mais nada, devemos precisar que o trauma se produz mediante a incidência de um acontecimento capaz de mobilizar todo o aparelho psíquico. A gama do que Ferenczi chamou de trauma inclui tanto o aprendizado das normas de higiene quanto uma violência sexual sofrida pela criança. O aprendizado da higiene é traumático porque obriga a criança a submeter-se a uma lei imposta pelo ambiente, cujas razões ela não entende, e tudo isso num momento em que ainda suporta mal a ideia de um limite que venha negar sua onipotência. E esse aprendizado é também traumático porque estabelece modificações no aparelho psíquico. Não é sem perdas que as instâncias psíquicas se formam, mesmo quando todas as condições estão presentes para uma mudança. Alguns traumas são não apenas inevitáveis como também necessários à estruturação psíquica. A castração é o exemplo máximo disso.

Por outro lado, o trauma que se torna patológico nos leva a concluir que o evento traumático não pôde ser metabolizado pelo aparelho psíquico; foi incapaz de ser integrado. Ultrapassa certos limites e tem consequências dramáticas para o sujeito.

Podemos, então, dividir os traumas em dois grandes grupos: o primeiro, composto por traumas que propiciam uma reorganização psíquica e que contribuem para o desenvolvimento e a estruturação. O segundo compõe-se de traumas nos quais à violência soma-se um efeito de surpresa. O que caracteriza tais traumas é o fato de porem em risco todo o projeto identificatório do sujeito. Para enfrentar um trauma dessa natureza, a criança (que sofreu o trauma desestruturante da teoria de Ferenczi) não pôde se reorganizar internamente. É diferente do que ocorre na inscrição da castração, em que as instâncias ideais são recursos indispensáveis para a própria aceitação da castração. No trauma desestruturante, isso parece impossível. O resultado nesse caso é uma verdadeira mutilação ao nível do ego.

O esquema desses dois grandes grupos de traumas não esgota o que Ferenczi tem a dizer sobre o assunto. Ele fala ainda dos traumas que, embora pertencentes ao primeiro grupo, ocorrem com uma frequência tão grande que chegam a ameaçar o ego, porque não lhe dão o tempo que precisa para se reorganizar e metabolizar o acontecimento traumático. Esse tempo permitiria ganhar, assim, confiança na nova maneira de funcionamento. Para demonstrar esses casos, Ferenczi cita os sistemas de educação demasiadamente repressivos.

Dentro dessa mesma concepção de trauma, resta ainda o caso das crianças não desejadas que não possuem, desde o início de suas vidas, um objeto capaz de preencher as condições de mediador. Nesses casos, não temos um acontecimento (ou mais de um) traumático, mas a própria chegada ao mundo. Sem o apoio de um mediador, essas crianças são privadas de um filtro ou de um intermediário que as defenda do mundo externo.

Nossa proposta é analisar o conceito de trauma como foi apresentado nos textos de 1931 "Análise de crianças com adultos" (1931/1992g) e a conferência feita em Wiesbaden em 1932 "Confusão de língua entre os adultos e a criança" (1932/1992h). Esses textos foram escolhidos por reunirem e sintetizarem muito bem o pensamento de Ferenczi sobre o trauma e também porque convidam à discussão de importantes elementos e de problemas consideráveis da metapsicologia. A conferência de 1932 apresenta a questão do trauma produzido pela violação, isto é, pela violência sexual mais extrema que uma criança pode sofrer.

O mito

O mito do trauma ferencziano obedece a uma sequência em que certos ingredientes são necessários, mas também a uma determinada ordem temporal dos eventos e a um número preciso de personagens. É também imprescindível a debatida questão da realidade dos fatos. Este último dado leva geralmente os leitores de Ferenczi a torcer o nariz, pois, para eles, trata-se de uma velha história, de uma questão há muito ultrapassada.

A história contada por Ferenczi (1931/1992g, 1932/1992h) parece simples, embora seja complexa. Nela encontramos o enredo de uma violência sexual praticada por um adulto contra uma criança e, após o fato ocorrido, a maneira pela qual a criança, na busca de compreender o que se passou, narra o evento a um outro adulto, que a desmente.

Composta de três personagens – dois adultos e uma criança –, a história pode ser separada em dois momentos. No primeiro momento, os ingredientes são: uma sedução por parte da criança sob a forma de brincadeira, ao que Ferenczi chamou de linguagem da ternura, que corresponde a um certo parâmetro de organização sexual e psíquica; a essa sedução, o adulto responde com a linguagem da paixão, gerando assim uma confusão de línguas (Ferenczi, 1932/1992h). Ternura é aqui entendida não como ausência de sexualidade, mas como anterior à sexualidade sob o primado do genital. O adulto, por sua vez, não reconhece a linguagem da ternura da criança e a toma como um igual, ou seja, toma a linguagem da ternura como sendo uma sedução da ordem do genital. A violência sexual em si não aparece aqui como fator traumático, mas sim como prova real do evento, cuja consequência é a identificação com o agressor. Essa identificação, segundo Ferenczi, seria produto não da violência praticada, mas do fato de que o adulto agressor sentiria culpa logo após praticar a violência; esse sentimento de culpa seria incompreensível para a criança. Seria por conta do enigma da culpa que a identificação com o agressor teria lugar. A historinha contada por Ferenczi continua: a criança iria, então, à procura de um outro adulto que pudesse dar sentido ao que não fez sentido. Esse adulto, por sua vez, não suportando o relato da criança, a desmente, exigindo de maneira radical e unívoca que o escutado não passe de uma fabulação infantil. É esse desmentido que torna impossível a introjeção.

Segundo Ferenczi, todos esses ingredientes são necessários à composição do que interessava definir e compreender: o trauma desestruturante. A ausência de certos elementos ou, mais precisamente, a ausência do desmentido tornaria o trauma estruturante. Em outras palavras, se todos os elementos e ingredientes são absolutamente necessários à existência de um trauma ferencziano, é somente o último, o desmentido, que o fará ser desestruturante. O trauma seria, portanto, uma sequência de ingredientes e de eventos que, acrescidos do desmentido, adquiririam a condição de desestruturante.

Ferenczi (1924/1993g) se refere aos traumas como sendo, na maior parte das vezes, estruturantes e remete-os a uma cadeia filogenética pré-inscrita onde, além de inevitáveis, são necessários. Cada um deles corresponde a uma confusão de línguas e a uma violência efetiva praticada contra a criança. Algo necessariamente excessivo e qualitativamente diferente é oferecido à criança, desde a "erogeneização do corpo do infans" até a mais banal das infrações – se é que podemos falar assim – imposta à organização psíquica infantil. A ela, o ser humano estaria escravizado filogeneticamente, sendo-lhe impostas a repetição e a alucinação negativa como únicas alternativas psíquicas.

Se cabe ao desmentido toda a responsabilidade da desestruturação psíquica, é fundamental tentar situá-lo, atribuir-lhe sobretudo uma descrição metapsicológica que tenha sustentação. A tarefa não é fácil. Ferenczi jamais se preocupou com o estatuto metapsicológico dos fenômenos que descreveu; além do mais, esbarrou com problemas como o do caráter metapsicológico dos processos identificatórios e o de questões complexas, como a noção de narcisismo, chegando até mesmo a questões linguísticas sequer vislumbradas na época.

Linguagem da paixão *vs.* linguagem da ternura

Paixão e ternura são palavras escolhidas por Ferenczi para demonstrar a confusão de línguas entre os adultos e a criança. Suscitam por vezes muitos mal-entendidos. É uma ironia da história que seja justamente no texto "Confusão de línguas entre os adultos e a criança" que tenham sido produzidas as interpretações mais errôneas, pois é nesse artigo – frequentemente citado e dos mais brilhante de sua obra – que Ferenczi tenta trazer à luz a catástrofe desse encontro. Já houve tentativa de ler a palavra ternura como pertencendo à esfera do não sexualizado, como se fosse possível retirar toda conotação sexual dessa palavra pelo fato de Ferenczi falar em ingenuidade e inocência como sinônimos de ternura. Ora, isso remete à questão da sexualidade no ser humano desde os seus primórdios, eixo de toda a construção do corpo teórico de Freud, aquilo que Ferenczi nunca pôs em dúvida. Evidentemente, esse gênero de interpretação deriva de uma má leitura de sua obra.

Ferenczi não invalidará em nenhum momento os princípios fundamentais da construção teórica freudiana. O que ele traz de novo, de original e de fundamental é uma contribuição à compreensão da psicose e dos casos difíceis da prática clínica. Aí reside sua importância capital. Não se deve jamais esquecer que ele foi o analista por excelência dos chamados casos difíceis e que por isso coube a ele repensar o corpo teórico de Freud, especialmente o pequeno número de textos que Freud devota à teoria clínica. Para compreender o texto "Confusão de língua entre os adultos e a criança", não podemos perder de vista a especificidade da clínica de Ferenczi.

> *O adulto da paixão é aquele que perde seus limites, a palavra paixão aqui significa mais um exagero ou abuso típicos do psicótico. Paixão e loucura tornam-se quase a mesma coisa. Em 1930, a propósito do complexo de Édipo, Ferenczi escreveu: "Hoje, estou de novo tentado a atribuir, ao lado do complexo de Édipo das crianças, uma importância maior à tendência incestuosa dos adultos, recalcada e que assume a máscara da ternura". (1930/1992f, p. 64)*

Em "Confusão de línguas...", encontramos o seguinte: "adultos enfurecidos, de certo modo loucos . . . sem controle" (1932/1992h, p. 105).

Os adultos a que se refere Ferenczi são seus pacientes ou pais de seus pacientes, "loucos de certo modo", como ele os chamava, ou perversos, enfim, toda essa gama de características que podem configurar o que chamamos de estado psicótico. Se Ferenczi não usou o termo linguagem da loucura, dando preferência à palavra paixão, foi, segundo Covello (Covello, Gentis & Torok, 1982), para dar a esse texto a ideia de mito. A paixão não é propriedade exclusiva do psicótico, mas de qualquer adulto em algum momento de sua relação com a criança. Ferenczi fala de um comportamento efetivo, de fato apaixonado, desmesurado, louco, enquanto que, do outro lado da paixão, encontramos a ternura da criança. Ternura que não quer dizer loucura, ou pelo menos que não conhece esse exagero desmedido.

Confusão de línguas, sem dúvida, dois universos que não podem se compreender, mas que se cruzam com frequência. Ferenczi (1928/1992c) já falava dessa confusão em 1928: "O curioso de tudo isso é que o que escapa precisamente aos pais é o que para as crianças é o óbvio; e o que as crianças não percebem é claro como o dia para os pais".

"A confusão de línguas" é um tema tratado desde o início da obra de Ferenczi. Apesar de ser um texto capaz de condensar muito claramente o pensamento de Ferenczi – e esse é, aliás, seu grande mérito –, ele não traz em si mesmo nenhuma ideia nova; tudo que o que encontramos nesse texto já foi de alguma maneira tratado anteriormente na obra de Ferenczi.

Se paixão quer dizer loucura, a partir do momento em que ela é própria do adulto, está ligada à genitalidade. Uma maneira peculiar de erotizar o próprio corpo e o corpo da criança que esta última não ainda conhece.[1]

---

1 "Mas a criança sente o mesmo susto se suas sensações genitais foram prematuramente forçadas, pois o que a criança deseja, de fato, mesmo no que diz

Vejamos como o assunto é abordado no texto de 1931:

> *A esse respeito, gostaria de emitir a hipótese de que os movimentos de expressão emocional da criança, sobretudo os libidinais, remontam fundamentalmente à terna relação mãe-criança, e que os elementos de malevolência, de arrebatamento passional e de perversão aberta são, na maioria das vezes, consequências de um tratamento desprovido de tato, por parte do ambiente. (Ferenczi, 1931/1992g, p. 74)*

Aquilo que "falha", ou que significa "falta de tato", como diz Ferenczi na relação do adulto com a criança, é o lado passional que invade a criança com sua genitalidade e tudo aquilo que está subentendido: um sujeito clivado com seus sentimentos e recalcamentos.

A paixão diante da ternura traz um desmentido à promessa de objeto introjetado, já que a incorporação se instala no ego da criança com a violência de um invasor estrangeiro.

> *Se, no momento dessa fase de ternura, se impõe às crianças mais amor, ou um amor diferente do que elas desejam, isso pode acarretar as mesmas conseqüências patogênicas que a privação de amor até aqui invocada. Levar-nos-ia muito longe falar aqui de todas as neuroses e das conseqüências caracterológicas que podem resultar do enxerto prematuro de formas de amor passional e recheado de sentimentos de culpa num ser ainda imaturo e inocente. A conseqüência só pode ser essa confusão de línguas a que fiz alusão no título desta conferência. (Ferenczi, 1932/1992h, p. 103)*

---

respeito às coisas sexuais, é somente o jogo e a ternura e não a manifestação violenta da paixão" (Ferenczi, 1930/1992f, p. 64).

Chegamos assim a uma terceira característica desse adulto da paixão: o sentimento de culpa. Ferenczi atribui a esse aspecto uma enorme importância. O sentimento de culpa do adulto obrigaria a criança a tornar-se culpada de alguma coisa que ela não conhece, de algo em que não percebeu nenhum mal. O adulto idealizado pela criança é mantido na esperança de ser introjetado. A impossibilidade de realizar a introjeção mergulharia a criança num desespero que levaria ao abandono do objeto idealizado. Para não abandonar seu objeto tão amado, a criança se dispõe a clivar-se. Nessa clivagem, uma parte dela própria é destruída. Com isso, não caberá culpa ao adulto que de fato a sentiu. É mais suportável tornar-se ela, criança, a culpada, a ter de abrir mão do adulto idealizado.

Qualquer pessoa que já tenha trabalhado com crianças psicóticas sabe a importância do que acabamos de constatar. O objeto idealizado manterá seu lugar custe o que custar, às vezes ao preço da loucura da criança.

O desmentido

A marca registrada da teoria do trauma ferencziano, no meu entender, assim como a sua originalidade, é *atribuir ao desmentido toda a responsabilidade do trauma*. O desmentido é aquilo que impede o percurso do processo de introjeção, conceito postulado por Ferenczi em 1909 e que, segundo ele, é a única coisa que a libido sabe fazer (Ferenczi, 1909/1991b).

A criança só pode ter uma palavra própria quando intermediada pela relação com o adulto. Num primeiro tempo, ela toma emprestada as palavras ao adulto e, simultaneamente, é a esse adulto que ela dirigirá sua palavra para obter uma confirmação. Esse vai e vem é condição imprescindível para que a criança conquiste sua própria palavra. É, portanto, por intermédio do adulto (suporte da introjeção) que a fala da criança pode ou não ter sua existência autorizada. É fácil compreender que, para Ferenczi, o problema deve ser visto pelo viés do adulto, do interlocutor da criança, e não pelo viés desta última. Segundo Ferenczi, deve-se analisar o problema do lado do adulto para compreender a origem do trauma.

O acontecimento do trauma pode ser relatado pela criança antes de ser desmentida. Ela não compreendeu muito bem, porque não tem a percepção daquilo que se passou. No exemplo de Ferenczi, o adulto vai ouvir o relato da criança como se fosse uma ficção, e não um acontecimento real.

Se tudo indica que Ferenczi acerta o alvo ao afirmar que o desmentido é o fator essencialmente traumático e desestruturante, parece, no entanto, que ele se perde na tentativa de justificá-lo. A confusão que Ferenczi cria começa na sua abordagem, que coloca de um lado a verdade e do outro a mentira, atrelando-as ao fato real e à fabulação. Assim, se prestarmos atenção, encontraremos em vários textos de Ferenczi, situados em posições opostas e estanques, de um lado, o fato real e a verdade e, do outro, a mentira e a fabulação. Dessa forma, o fato real está para a verdade assim como a fabulação está para a mentira. Ao separar os dois blocos com conotações diferentes e de forma maniqueísta, teremos a facção do bem e a facção do mal. Dessa maneira, fica impossível dar um passo à frente. O tiro parece ter saído pela culatra.

Para Ferenczi, é preciso que o fato seja real para que o desmentido tenha a força da *Verwerfung* (recusa de inscrição). Entretanto, sabemos, e Ferenczi também o sabia, que a questão da realidade se perde ou tem valor muito relativo quando lidamos com o psiquismo. O que importa é a realidade psíquica. O registro psíquico é feito tanto de eventos reais quanto de fantasmados; os dois terão o mesmo valor psíquico. Esse foi, sem dúvida, o salto dado por Freud quando abandonou a etiologia da histeria fundamentada no evento traumático – uma sedução – efetivamente ocorrido na infância. Se não importa o fato ser real ou fantasiado, como pode o desmentido se manter em pé como fator essencialmente traumático?

Vejamos agora a questão da verdade e da mentira, também muitas vezes ligadas, no texto ferencziano, à sinceridade e à hipocrisia.

Ao colocar a verdade e a mentira como diametralmente opostas e sem a possibilidade de encontro entre si, Ferenczi incorre na mesma síndrome que parece ter atingido o adulto que desmente, pois ele aponta para a univocidade dos enunciados, quer dizer, para a ausência de polissemia neles. Nenhuma verdade pode ser eterna e não se tornar mentira num determinado momento ou dentro de um dado contexto. Por mais que ela pretenda ser uma verdade absoluta e unívoca, seu intento estará sempre fadado ao fracasso, pois as palavras que compõem o enunciado tornaram-no necessariamente ambíguo e de múltiplos sentidos. A sinceridade, portanto, nada mais é do que a aceitação da polissemia e a impossibilidade do unívoco, e a hipocrisia implicaria a negação disso.

Colocado dessa forma, pouco importa se o fato é real ou não. Já a relação entre a verdade e a mentira nos leva, obrigatoriamente, a nos perguntarmos de que lugar fala o adulto que desmente a criança.

Poderíamos concluir que a história contada pela criança ao adulto é traumática antes de mais nada para o adulto, que, incapaz de absorvê-la, relega-a ao plano da mentira. Opondo assim, de forma radical, de um lado, o fato real e a verdade e, do outro, a mentira e a fabulação, o adulto rouba à fala da criança o sentido ambíguo das palavras, sua polissemia, encarcerando-as na univocidade. Resta à criança engolir essa palavra de senso unívoco e desprovida de ambiguidade. Palavras cristalizadas, radicalmente proibidas de serem pronunciadas e, portanto, de circularem livremente. Achamos interessante uma aproximação com a natureza do discurso tal como a define Paz.[2]

As palavras, mesmo quando têm por objetivo descrever a realidade, só podem ser investidas quando guardam o caráter da multiplicidade dos sentidos. Quando esse caráter fica interditado, as palavras perdem sua elasticidade e são encerradas numa rigidez que não permite ao psiquismo integrá-las. As palavras do traumatismo não são, portanto, recalcadas, e a representação do traumatismo não pode ser associada a outras representações. Nem pode, evidentemente, circular por entre as ideias conscientes. Diríamos mais, a palavra desprovida de polissemia não pode ser assimilada pelas instâncias psíquicas, é uma palavra desumanizada que escapa à própria natureza das palavras.

O que se passa no trauma é que o adulto interdita à criança não apenas as palavras como também a possibilidade de ambiguidade, de múltiplos sentidos. São palavras destinadas a ficarem enclausuradas, desprovidas de polissemia; elas se tornam representações proibidas de fantasmatização e, para retomar a expressão escolhida por Abraham e Torok (1978b, p. 256), são, de alguma forma, "palavras enterradas vivas".

---

2 "A mais alta forma de prosa é o discurso no sentido estrito do termo. No discurso, as palavras aspiram a se constituir em significação unívoca. Este trabalho implica reflexão e análise. Ao mesmo tempo, ele expressa um ideal inacessível, já que a palavra se recusa a ser um puro conceito, uma significação sem nada mais. Cada palavra – abstração feita de suas propriedades físicas – encerra uma pluralidade de sentidos. Assim a atividade do prosador se exerce contra a natureza mesmo das palavras . . . Na prosa, a palavra tende a se identificar com uma de suas significações possíveis, às expensas de outras: o pão; e o pão e o vinho é o vinho. Esta operação é de caráter analítico e não se realiza sem violência, pois a palavra possui numerosas significações latentes, ela tem uma certa potencialidade de direções e de sentidos" (Paz, 1965, pp. 21-22).

A criança possuidora da linguagem da ternura não dispõe da linguagem da sensualidade,[3] própria da genitalidade, mas da do lúdico. Essa linguagem infantil não só possui o aspecto totalizante do narcisismo, próprio de todo o aparato egoico, mas sobretudo promove a separação estanque do projeto unívoco. No universo infantil, o que parece não ser possível é justamente o estatuto de algo que pertença a dois campos opostos. O modelo maniqueísta e dos extremos que não se cruzam parece ser a marca registrada de sua produção psíquica: ou se é bom ou se é mau, ou se é professor ou se é aluno; ou se é adulto ou se é criança; ou se é forte ou se é fraco; ou se é vítima ou se é algoz. É a castração e a noção de finitude que a acompanha que promovem o reconhecimento da ambiguidade e do enunciado polissêmico próprio do ideal de ego.

Partindo desse pressuposto, questionamos de que lugar fala o adulto que desmente. No nosso entender, esse desmentido só terá valor traumático e desestruturante se o enunciado da criança for atribuído ao registro da mentira absoluta e o enunciado do adulto ao da verdade absoluta. Se, ao escutar a criança, o adulto reduz o enunciado que ouviu a um enunciado unívoco e profere, então, um desmentido também unívoco, toda a possibilidade e registro simbólicos estão comprometidos, porque o unívoco tira o lugar da dúvida. A dúvida é própria do reconhecimento da ambiguidade, é própria do simbólico. Portanto, o que a introjeção busca é essa qualidade simbólica do adulto. É devido à ambiguidade fornecida pelo adulto à criança que esta pode dar sentido, construir registros psíquicos e criar condições para a emergência do aparato egóico. Se, em vez disso, o que recebe e o que fala são reduzidos ao unívoco, então a inscrição psíquica se torna impossível.

3 A ternura como linguagem da criança e a ternura acrescida da sensualidade como sendo própria do adulto são abordadas por Freud (1905/1962).

Podemos pensar que se o objeto é contruído pela criança, e não apenas encontrado e investido, como afirma Mezan (1993), ele, mais cedo ou mais tarde, provoca a ambivalência. Na promessa de introjeção, o objeto gerador da ambivalência traz consigo a possibilidade de acesso ao simbólico que, por sua vez, equivale à ambiguidade das palavras, à polissemia e à sobredeterminação. A palavra que desmente retira toda a ambivalência, não é portadora da ambiguidade nem é capaz de ser polissêmica. Ela é de uma concretude absurda, não desliza e tem o peso de um tijolo. Desumanizada, ela não pode circular na cadeia associativa, atravanca o psíquico e exige a clivagem traumática.

O efeito surpresa

Outro ponto que merece nossa atenção, já que constitui um fator fundamental para todo trauma, é o efeito surpresa. No exemplo exposto por Ferenczi em 1932 (1932/1992h), há inicialmente a surpresa da criança diante de uma linguagem que não conhece e que se exprime com toda sua complexidade, tal como o sentimento de culpa do adulto. Num segundo momento, há a surpresa diante da reação do outro adulto quando ela conta o que aconteceu.

Freud, em "Além do princípio do prazer", dará destaque ao efeito surpresa no trauma.[4] Nesse texto, o efeito surpresa é a chave do traumatismo, como se, dependendo de sua intensidade e sua quantidade, tivessémos aí o elemento de base de todo traumatismo.

---

4 "na neurose traumática comum, dois traços que se salientam poderiam servir de ponto de partida para a nossa reflexão: primeiro, o que parece pesar mais no seu determinismo, é o fato surpresa, o pavor; segundo, se o sujeito sofre ao mesmo tempo uma lesão ou um machucado, isto se opõe em geral ao surgimento da neurose" (Freud, 1920/1981a, p. 50).

Surpresa diante do sentimento de culpa

Se o adulto se sente culpado diante de alguma coisa que, para a criança, era um jogo anódino, isso significa que algo proibido foi praticado por alguém. A surpresa aí é o desconhecido, o incompreensível. Que infração foi cometida, e quem é o culpado? Esse é o contexto em que Ferenczi introduz a noção de diferença de línguas. Se estabelecermos uma relação entre a diferença de línguas entre os adultos e a criança com as diferenças de estádio psíquico entre os dois, pode surgir uma objeção: se essa diferença apresenta-se como abismo entre o adulto e a criança, na verdade ela sempre existiu; porque, então, nesse contexto do trauma, uma tal diferença adquire tanta importância e uma dimensão tão grande?

O sentimento de culpa do adulto provém de um ato proibido que, apesar disso, foi praticado. O proibido é a prática de um ato sexual com uma criança "inocente" que não pode compreender o que aconteceu e que não dispõe ainda dessa proibição em sua bagagem.

O abuso de uma criança não é uma proibição qualquer, é quase equivalente ao tabu do incesto. É um acontecimento para a primeira página dos jornais e que sempre causa escândalo. Em alguns países, lincha-se o violador; em outros, é aplicada a pena de morte.

Ferenczi não escolheu o abuso de crianças por acaso. A diferença de línguas nesse caso não é apenas a distância entre os dois patamares do nível psíquico, é claro que ela não explica tudo. A confusão de línguas não existe apenas por causa da existência de uma linguagem do adulto com um aparelho psíquico já clivado que se confronta com uma linguagem da ternura da criança. Essa confusão é responsável pela transmissão de toda sorte de interdito, regras e tabus impostos pela sociedade e cujo porta-voz é o adulto. Contudo, embora traumática, ainda assim é estruturante.

O exemplo que Ferenczi apresenta tem justamente a quebra de uma dessas regras fundamentais. É o adulto que tem a missão de fazer respeitar as regras quem as transgride. Esse adulto ao qual Ferenczi se refere não é um adulto qualquer, tem um sentido específico.

A complexidade dos sentimentos experimentados pelo adulto, com os quais a criança vai se defrontar, ultrapassa a sua possibilidade de absorção. Alguma coisa totalmente proibida foi praticada. A interdição é de tal ordem que ninguém acredita nela.

Agora a noção de realidade ganhou novo relevo. Não se trata de um acontecimento qualquer, mas sim de um tabu que não foi "realmente" respeitado.

A surpresa do desmentido

A segunda surpresa com a qual a criança se depara é a de ser desmentida pelo adulto. Numa passagem do *Diário clínico* de 6 de março de 1932, Ferenczi define assim "a confusão":

> *O protótipo de toda confusão é estar "perdido" quanto à confiabilidade de uma pessoa ou de uma situação. Estar perdido é: ter-se enganado; alguém, por sua atitude ou suas palavras, fez "cintilar" uma certa relação afetiva; o momento do desvario intervém quando se vai ao encontro de uma situação com uma certa representação antecipada e, no lugar disso, encontra-se uma outra coisa, frequentemente o oposto; portanto: ser surpreendido por alguma coisa. A confusão corresponde ao momento situado entre a surpresa e a nova adaptação. (Ferenczi, 1932/1990, p. 84)*

A explicação de Ferenczi nos mostra a surpresa provocada por uma situação diferente daquela que se imaginava. A não correspondência entre a representação antecipada forjada pela criança e a situação como de fato ocorreu deixa-a sem ponto de referência, obrigando-a rapidamente a adaptar-se à nova situação, estranha e incompreensível.

Qualquer situação que venha a se apresentar de maneira oposta ao que estava sendo esperado resulta inicialmente incompreensível. A compreensão nada mais é que a bagagem que temos dos elementos, daquilo que podemos prever e imaginar: a gama de situações que podemos "pré-ver". Uma situação que perturba essa ideia põe em cheque as representações anteriores. Mais do que isso, o ego tem por função se representar antecipadamente em tudo o que for possível, de maneira a prevenir-se da surpresa e garantir, assim, a noção de unidade narcísica. Faz-se necessário, nesse caso, reformular as representações de antes do ocorrido e incorporar uma nova, para poder se adaptar. Ora, no caso do trauma, o que bascula e não corresponde à representação prévia é a confiança. A relação afetiva entre o adulto e a criança é posta à prova, para a criança, evidentemente.

O adulto tinha para a criança o papel fundamental de objeto suporte da introjeção, e a criança nele depositava uma "confiança cega". A expressão "confiança cega" indica que, para a criança, o adulto em questão representa a instância encarregada de fazer a triagem das experiências do mundo externo.

A confiança se vê ameaçada quando o adulto não corresponde à expectativa da criança: alguém que irá escutá-la, acreditar nela, compreendê-la e ajudá-la a se representar no que aconteceu. Não acreditando na criança, o adulto a impede de representar-se no ocorrido, furtando-se, ao mesmo tempo, à função de objeto da introjeção. A função de suporte da introjeção é muito importante para a criança, pois é o adulto que lhe permite o acesso ao simbólico, "à colocação em palavras", condição necessária para o acesso às representações de palavra.

Diante do desmentido, a criança fica confusa. Será o adulto ou será ela que não merece confiança? A criança processa essa questão rapidamente "incorporando" o sentimento de culpa do agressor, tornando-se clivada, culpada e inocente, ao mesmo tempo. É mais seguro aceitar o sentimento de culpa do que abrir mão do objeto da introjeção. Podemos perceber bem que perder o objeto nesse momento equivale ao risco de aniquilamento, de despedaçamento psíquico. O que a criança entrevê é o risco da morte física e psíquica. Resta então garantir a permanência do objeto a qualquer preço. A criança encontra a solução de transplantar o sentimento de culpa do agressor para si própria, suportar a injustiça do desmentido e, com isso, recuperar o estado de ternura anterior ao trauma. Para o traumatizado de Ferenczi, serão importantes, evidentemente, questões como a confiança, a justiça e as noções de verdade e mentira.

A clivagem traumática

Na literatura psicanalítica, sobretudo a dos seus pioneiros, encontramos o termo clivagem para designar cisões no aparelho psíquico. Os moldes, funções e natureza das clivagens podem ser bastante diversos (ou seja, obedecem a metapsicologias diversas). O único ponto em comum parece ser o fato de que ocorre uma divisão. Assim, ela pode designar separações entre os sistemas inconsciente (ICS) e pré-consciente/consciente (PCS/CS), ou também entre as instâncias do aparato egoico quando de sua emergência, por exemplo. Ou pode ainda designar uma separação dentro do próprio ego, como é o caso da melancolia, em que a identificação com o objeto perdido é resultado de uma cisão ou clivagem. Os exemplos nada têm em comum nas suas descrições metapsicológicas.

A clivagem do trauma, fruto do desmentido, estaria mais próxima da descrição metapsicológica da melancolia. Se, no entanto, percorrermos a obra de Ferenczi, verificaremos que o termo clivagem é inicialmente encontrado para designar a metapsicologia da estruturação do aparato egoico (Ferenczi, 1924/1993g). Está, portanto, diretamente vinculado ao trauma estruturante. Só mais tarde surgirá ligado à noção da identificação com o agressor. E só nesse caso, como já vimos, será um trauma desestruturante.

Como o que nos interessa aqui é o trauma desestruturante ferencziano, estamos, portanto, diante de uma clivagem no ego. A descrição ferencziana da identificação com o agressor propõe a imagem de uma invasão no ego da criança. O agressor usurpa o espaço egoico e toma posse desse lugar como se assumisse a fala da criança ou ocupasse seu espaço psíquico. A paixão toma a palavra e separa-se da ternura, sem que qualquer contato entre elas seja possível, como se uma desconhecesse a existência da outra. Ambas se pretendem representantes legítimas do ego infantil e, para tal, se autodesconhecem. Assim, o agressor nos textos de Ferenczi é o posseiro do ego, ignorando o seu verdadeiro dono. A clivagem, nesse caso, consiste em uma separação em duas partes que não mantêm contato entre si. O texto de Freud de 1938, "A clivagem do ego no processo de defesa" (1938/1996b), descreve a mesma formulação de Ferenczi. Em ambos os autores, o fato invade a cena psíquica, obrigando-a a uma cisão total. A clivagem, decorrência da separação em instâncias, pressupõe uma dinâmica entre elas, uma função diferente para cada uma, de forma que a troca – o contato entre elas – seja não só necessária, mas contínua. No caso da cisão provocada pela identificação com o agressor, nada disso é possível.

Vejamos essa questão por meio da identificação melancólica. Nesse caso, o objeto de identificação parece ter uma função superegoica. Se transpusermos esse pressuposto para o trauma desestruturante, seria como se a criança tivesse precocemente, e às pressas, forjado uma emergência do aparato egoico, mas a incomunicabilidade entre o objeto de identificação e o ego incipiente da criança desqualifica totalmente a função superegoica pretendida pelo objeto de identificação. Se o projeto era esse, certamente fracassou. O tom ditatorial, a voz de algoz do usurpador do ego infantil ou do objeto perdido do melancólico parece soar como o discurso do superego, no sentido vulgar do termo, ou o que Freud chamou de superego cruel. Tirando o tom autoritário, poucas são as semelhanças que restam entre o que se concebe como sendo superego na sua função e na sua dinâmica e a clivagem descrita.

Na ausência de pontos comuns entre a instância do superego e a identificação com o agressor, visto que a única ponte entre elas parece ser o tom autoritário, resta-nos tentar um outro caminho. O mesmo tom é também característico do objeto persecutório do paranoico. No delírio paranoico, o objeto persecutório é tão cruel e acusador quanto o tom do objeto perdido do melancólico ou do agressor do trauma. A diferença essencial entre eles, que não é pequena, é a de que, no primeiro caso, o acusador se encontra fora do indivíduo e, no segundo caso, o acusador estaria dentro dele. Nesse último, a sensação de estranheza, de ter um outro dentro dele, que acusa, é igual à do paranoico, pois quem é acusado por esse estranho é o ego da ternura que desconhece o agressor. O objeto de identificação tem voz na segunda pessoa do singular como a tem o objeto persecutório do paranoico. O que pretendemos com essa formulação é propor que, no paranoico, a cisão expulsa o objeto persecutório e, na melancolia ou no trauma ferencziano, a clivagem mantém o objeto como posseiro do ego, embora tenha a mesma função e a mesma dinâmica do paranoico. Em ambos os casos, o suporte que parece fazer falta ao aparato egoico é justamente a função superegoica.

A traumatogênese

Ferenczi nos esquematiza o mecanismo da traumatogênese da seguinte forma:

> *em primeiro lugar, a paralisia completa de toda espontaneidade, logo de todo o trabalho de pensamento, inclusive estados semelhantes ao de choque, ou mesmo de coma, no domínio físico, e, depois, a instauração de uma situação nova - deslocada - de equilíbrio. Se conseguimos estabelecer o contato, mesmo nesses estágios, ficamos sabendo que a criança, que se sente abandonada, perde por assim dizer todo o prazer de viver ou, como se deveria dizer com Freud, volta a agressão contra sua própria pessoa. Isso chega às vezes tão longe que o paciente começa a sentir-se como se fosse perder os sentidos e morrer; o rosto cobre-se de palidez mortal e surgem os estados próximos do desmaio, assim como um aumento geral do tônus muscular, podendo chegar ao opistótono. O que se desenrola aí diante dos nossos olhos é a reprodução da agonia psíquica e física que acarreta uma dor incompreensível e insuportável. (1931/1992g, p. 79)*

Nessa descrição detalhada que Ferenczi nos faz, podemos notar que os movimentos corporais e psíquicos resultantes do trauma, como a dor, a intensidade daquilo que se passou e a incompreensão do fenômeno vivido, são mensuráveis pelo abatimento do sujeito, *a posteriori*. As modificações corporais e psíquicas são a expressão da agonia, expressão que Ferenczi emprega frequentemente. Segundo ele, o vivido do trauma é a experiência mais próxima da morte que o sujeito pode sentir sem que haja razões físicas que a justifiquem.

Em princípio, os fenômenos físicos que dão conta de um problema psíquico poderiam nos levar a considerar o vivido consecutivo ao trauma como uma reação histérica. Uma tal aproximação é excessivamente simplista, guardando dos conceitos de trauma e da histeria uma única particularidade comum: o fato de que, tanto na histeria como no trauma, manifestações físicas bastante caracterizadas revelam problemas psíquicos. Essa semelhança é enganosa, basta analisar em profundidade os dois casos para nos darmos conta de que suas semelhanças são meramente aparentes.

Na histeria de conversão, uma parte do corpo bem definida é chamada a conter ou a representar o desejo recalcado para poupar à consciência um conteúdo insuportável. Deslocando sobre uma parte do corpo aquilo que não podia circular livremente na consciência, a histérica não se priva do prazer. Sejamos ainda mais explícitos: segundo Freud, ao deslocar o investimento sobre um órgão do corpo, recalcando a representação incompatível, a histérica não se priva do prazer. A solução é bastante feliz e resulta numa aliança sintomática bem estabelecida. Contrariamente, nos traumatizados, nada indica que o sistema de defesa tenha tido sucesso. A descrição feita na citação anterior revela o vivido de um desprazer insuportável; as vias do prazer parecem estar entupidas. Tudo se passa num único lugar: o ego. O trauma age unicamente às custas do ego. Grudado no ego, o acontecimento do trauma fica nele aprisionado, ao mesmo tempo que também mantém o ego preso. Considerando tudo isso, restam apenas, como semelhanças entre a histeria e o trauma, as manifestações físicas que os acompanham. E, ainda assim, tais manifestações não são exatamente iguais, pois a histeria de conversão faz uso do corpo para manter o equilíbrio psíquico. A eficácia de sua defesa depende do corpo. O trauma, porém, faz um apelo momentâneo ao corpo. Seu único objetivo é o de apagar para sempre o acontecimento, cavando um buraco na própria história, afastando das trocas psíquicas uma parte de seu próprio ego. O sujeito que sofre um trauma mata uma parte de si próprio. O trauma pratica no sujeito um assassinato onde ele é, ao mesmo tempo, assassino e vítima.

A comoção psíquica

Ferenczi descreve a comoção psíquica como o estado em que se encontra o sujeito depois do acontecimento do trauma. Dentre suas numerosas descrições, escolhemos a passagem do *Diário clínico* datada de 14 de fevereiro de 1932. Parece uma boa base de referência porque faz uma descrição física e também psíquica do vivido da comoção.[5]

Esse "estar fora de si", cujos sintomas físicos são o único indício para quem está de fora, é o momento em que o sujeito sai do espaço e do tempo. Como se fosse necessário tomar uma distância de si próprio, usando, para isso, mecanismos de defesa mais radicais, próprios da onipotência e, em particular, do que Ferenczi chamou de "alucinação negativa".

O sofrimento provocado pelo trauma é tão intenso que desperta a necessidade de um "dispositivo de urgência" para fazer face à catástrofe que se deixa anunciar. Como único meio para ultrapassar esse desprazer, a criança recorre "aos estados de exceção" para reencontrar o equilíbrio reinante antes do trauma.

---

5 "O que se passa quando o sofrimento aumenta e ultrapassa a força de compreensão do pequeno ser? O uso corrente caracteriza o que se segue pela expressão: 'a criança está *fora de si*'. Os sintomas de 'estar fora de si' (vistos do exterior) são: ausência de reação do ponto de vista da sensibilidade, cãibras musculares generalizadas frequentemente seguidas de paralisia generalizada ('ausentar-se'). A crer nas declarações de meus pacientes que me descrevem tais estados, pois bem, esse 'ausentar-se' não é forçosamente 'não estar', mas apenas um 'não-estar-lá'. Mas então, estar onde? Aprende-se algo como: eles partiram para longe no universo, voam com uma rapidez enorme entre os astros, sentem-se tão delgados que passam, sem encontrar obstáculos, através das substâncias as mais densas; lá onde estão não existe tempo; passado, presente e futuro estão presentes para eles ao mesmo tempo, numa palavra, têm a impressão de ter superado o espaço e o tempo. Vista desta gigantesca e vasta perspectiva, a importância do próprio sofrimento desaparece" (Ferenczi, 1932/1990, p. 65, grifo nosso).

A impressão que Ferenczi nos dá, sempre que descreve a comoção psíquica, é a de que um conjunto de ações se segue ao trauma, assim que um sinal de alarme ressoa. Medidas extremas são tomadas para dar conta de todos os riscos possíveis, visando assim a um máximo de eficácia.

O sinal de alarme que soa no psiquismo é o inesperado e extremo sofrimento. O perigo catastrófico é o desmoronamento dos suportes que estão na base da organização ainda precária do sujeito. Fazer coincidir num único momento o passado, o futuro e o presente, um espaço psíquico que se expande até abarcar todo o universo, tudo isso permite o afastamento até uma estrela distante, e "lá de cima", olhar o que se passa "aqui embaixo". A comoção psíquica destina-se, pois, a distanciar-se de seu próprio corpo e de seu próprio psiquismo. Ela é o elemento fundamental que, aliado à alucinação negativa, permite ao sujeito voltar à terra, a si próprio, após o remanejamento do ego, o que permite a este último seguir seu curso, retomar a própria vida nas mãos, quando esta parecia estar escorrendo pelos dedos.

O estado de choque que caracteriza a comoção psíquica se interpõe entre o acontecimento do trauma e o reencontro do equilíbrio psíquico ou do estado de ternura procurado. A comoção psíquica funciona como um tampão entre esses dois momentos. Tal movimento psíquico é desencadeado por um sofrimento extremo, e seu objetivo é o de apagá-lo. Essa comoção é também o tempo em que o sujeito dispara o dispositivo das defesas radicais (psicóticas) de que dispõe para pôr em ação seu plano de reorganização do ego e assegurar o equilíbrio anterior.

A imagem de catástrofe, assim como outros termos aqui empregados, poderia parecer exagerado. Contudo, o trauma e o vivido que a ele se segue são, por si próprios, excessivos, superlativos.

É importante analisar os sintomas físicos descritos na passagem previamente citada: ausência de reação sensorial, cãibras musculares seguidas de paralisia generalizada. Podemos tomar duas vias de interpretação.

A primeira via seria: para não pensar mais, o sujeito faz do seu próprio corpo o campo de batalha. O corpo, na sua concretude, torna-se a cena da luta que está se desenrolando, o lugar do sofrimento experimentado pelo sujeito ao nível psíquico. Por um lado, o lugar de sofrimento é trocado, deslocado, e, como sabemos, o sofrimento físico, por mais terrível que seja, é, em geral, mais suportável que a dor psíquica. Por outro lado, o corpo, por seu caráter mecânico, visível e concreto, permite uma compreensão da extensão da agonia. Deslocando sobre o corpo o que se passa no interior, o psiquismo pode ganhar a distância que precisa para encontrar a boa solução, o fim da dor. Um terceiro aspecto pode ainda ser percebido: o corpo, que mostra aos que estão em volta o que está se passando, e ele pode ter esperança que alguém venha em seu socorro.

A segunda via é aquela que Ferenczi ressalta. O sujeito simplesmente abandonou o corpo para ganhar outros espaços. Um corpo abandonado, não tendo aparentemente mais vida, fica paralisado, sem sensibilidade e faz contrações de forma mecânica.

A noção de corpo em Ferenczi tem, muitas vezes, o caráter de uma superfície tátil, uma realidade sensorial, tal como é apresentada em textos como "Fenômenos de materialização histérica" (1919/1993a) ou "Reflexões psicanalíticas sobre os tiques" (1921/1993d), do início da técnica ativa, como também em "Thalassa" (1924/1993g). No primeiro texto, Ferenczi faz uma distinção entre o fenômeno da conversão histérica, que ele chamou de "genitalização" de partes do corpo, e os fenômenos de materialização histérica que consistiriam na realização mágica de um desejo a partir da matéria de que o sujeito dispõe: seu próprio corpo, dando-lhe uma representação plástica (Ferenczi, 1919/1993a). Os fenômenos de materialização histérica são desejos inconscientes que, incapazes de aceder à consciência, ainda que sob a forma de alucinação, passam à motricidade de forma também inconsciente. A retomada da questão corporal na teoria do trauma e, portanto, na própria comoção psíquica se apoiará na noção de materialização histérica apresentada nesses textos.

Alucinação negativa

> *A primeira reação normal do ser vivo ao desprazer exterior é a defesa automática, ou seja, a tendência para a autoconservação. Se esta é repelida por uma força superior, a energia (ou talvez, de fato, a força externa do trauma) volta-se contra a própria pessoa. Nesses momentos, a "inteligência" que se ocupa, antes de tudo, da preservação da unidade da personalidade, parece recorrer ao expediente de contornar a ideia de ser devorado da seguinte maneira: com um esforço colossal, ela engole toda a força ou pessoa inimiga e imagina ser ela mesma aquele que devora alguém, além de, dessa vez, justamente a sua própria pessoa. O ser humano pode assim ter prazer até na sua própria fragmentação.*
>
> (Ferenczi, 1992j, p. 247)

Por meio da alucinação negativa, a noção de ser vítima ou objeto de agressão de um adulto desaparece. A via de defesa encontrada pela criança é tal que, tornando-se ela mesma o agressor, aquela que devora, ela se encontra em posição de agente, e não mais de paciente do evento. Daquela que não compreende nada, a criança torna-se a dona da situação, livrando-se assim do desprazer do abandono e de se encontrar na situação vulnerável, isto é, a de estar à mercê de um adulto "louco". Tornando-se o seu próprio agressor, a criança se encontra de novo ao abrigo da ideia de ter sido agredida por um adulto idealizado num contexto que lhe era incompreensível.

A inversão completa da situação por meio da alucinação negativa, única defesa de que dispõe como último trunfo, permite recuperar o estado anterior ao trauma.

Incorporar a culpa do agressor significa não somente poupar o adulto agressor de toda responsabilidade e dano, possibilitando manter o objeto idealizado, mas também vencer a dor psíquica de ter sido objeto da agressão. Esse mecanismo de defesa é descrito por Ferenczi em seu texto "Thalassa: ensaio sobre a teoria da genitalidade".[6]

A alucinação negativa permite ao sujeito negar o evento do trauma e, além disso, lhe dá o direito de fazer dele uma vitória. Não há, de uma só tacada, os sentimentos de desprazer anteriores, mas, ao contrário, os de um conquistador que festeja sua vitória. Podemos compreender que, para o sujeito que teve que esbarrar na morte e que viveu a agonia do coma psíquico, o fato de ter podido ultrapassar essa penosa situação é uma epopeia que merece ser comemorada. Recuperar a vida é uma saída feliz; manter esse prazer lhe permite espantar os eventuais resíduos das lembranças desse desprazer insuportável que foi a experiência do trauma. Nada

6 "Nós também consideramos que o coito representa a descarga parcial do 'efeito de choque' do trauma do nascimento que ainda não foi liquidado; mas, ao mesmo tempo, também vemos aí um jogo ou, mais exatamente, uma festa comemorativa, celebrando o feliz desfecho de uma situação difícil, e finalmente a negação do trauma por uma alucinação negativa. Somos incapazes de dar uma resposta coerente à questão ventilada por Freud, a saber, se essa repetição constitui uma compulsão ou um prazer, se ela se situa aquém ou além do princípio do prazer, pelo menos no que se refere à pulsão de acasalamento. Pensamos que, na medida em que ela corresponde à liquidação progressiva do efeito de choque, é uma compulsão, ou seja, uma reação de adaptação imposta por uma perturbação exógena. Mas na medida em que representa a negação alucinatória da perturbação em causa, ou uma festa comemorativa dessa vitória, estamos diante de puros mecanismos de prazer." (Ferenczi, 1924/1993g, pp. 284-285)

é mais espetacular nem mais eficiente do que negar o trauma e o sofrimento e transformá-los no prazer de uma vitória.

O despedaçamento ou fragmentação do ego, ao invés de ser vivido como perda de si mesmo, torna-se conquista de si mesmo, expressão de onipotência, como se o sujeito nunca tivesse experimentado o sentimento de perda de si ou de ter sido abandonado.

Não somente a criança não depende mais de um objeto intermediário, mediador, como também transforma o desprazer dessa ausência em prazer de tornar-se ela mesma o objeto mediador do adulto. Condenada a cuidar dos adultos que a rodeiam, a criança, por esse exercício materno, garante o prazer de se sentir vencedora. Nega para sempre o desprazer que experimentou antes de instalar nela o adulto que lhe fez tanta falta.

A "maternidade" de que a criança se faz prisioneira é como a mensagem própria de toda incorporação que se repete incansavelmente. Falsa mensagem que quer, a todo preço, fazer crer que houve uma introjeção que, de fato, nunca houve e que tenta esconder o assassinato que ela teve que perpetrar sobre uma parte do seu próprio ego.

A sabedoria

Refiro-me à eclosão surpreendente e súbita, como ao toque de uma varinha mágica, de faculdades novas que surgem em resultado de um choque. Isso faz pensar nos truques de prestidigitação dos faquires que, a partir de uma semente, fazem crescer aparentemente diante dos nossos olhos, uma planta completa, com caule, folhas e flores. Uma aflição extrema e, sobretudo, a angústia de morte, parecem ter o poder de despertar e ativar de súbito disposições latentes, ainda não investidas, e que aguardavam tranquilamente a maturação. A criança que sofreu uma agressão sexual pode, de súbito, sob a pressão da urgência

> *traumática, manifestar todas as emoções de um adulto maduro, as faculdades potenciais para o casamento, a paternidade, a maternidade, faculdades virtualmente pré-formadas nela. Nesse caso pode-se falar simplesmente, para opô-la à regressão de que falamos de hábito, de* progressão traumática *(patológica) ou de prematuração (patológica). Pensa-se nos frutos que ficam maduros e saborosos depressa demais, quando o bico de um pássaro os fere, e na maturidade apressada de um fruto bichado.*
>
> (Ferenczi, 1932/1992h, p. 104, grifo do original)

Nessa citação, o que salta aos olhos é o seguinte: se no começo do capítulo anterior falei de três personagens principais no evento do trauma, ou seja, a criança e dois adultos, seria necessário agora precisar que os dois adultos em questão, independentemente de suas idades presumidas, não têm os qualificativos que, em geral, acompanham a noção de adulto. E mais ainda: após o trauma, a criança torna-se, ela também, um "adulto". As diferenças entre os três personagens que existiam antes do trauma desapareceram completamente após o remanejamento do aparelho psíquico que o trauma exije.

A metáfora empregada por Ferenczi – de uma fruta que amadurece rápido demais por conta da bicada de um passarinho – ilustra bem como essa maturidade adquirida às pressas se deve ao esforço para ultrapassar o sofrimento e a angústia decorrentes do trauma. Maturidade adquirida durante a comoção psíquica, como Ferenczi descreve no *Diário clínico*.[7] A sabedoria é, portanto, a característica

7 "Vista dessa gigantesca e vasta perspectiva, a importância do próprio sofrimento desaparece e abre-se até uma satisfatória compreensão da necessidade, para cada um, de suportar o sofrimento, quando forças naturais, lutando e opondo-se umas às outras, se encontram justamente na sua pessoa. Após tal excursão pelo universo, o interesse pode em seguida voltar-se de novo para o próprio ego, talvez até com uma compreensão reforçada; o sofrimento assim

da parte que se tornou adulta e protetora. É a ela que cabe a tarefa de ficar previdente para não ser mais surpreendida e amedrontada. Está incumbida também de impedir novos assassinatos no nível do ego, de manter na tumba, custe o que custar, a parte dita "morta", de estar alerta a tudo e a todos e não deixar nada balançar o frágil equilíbrio de que é guardiã.

Por meio dessa "instância" que olha a parte criança como sendo destacada (que, aliás, é próprio de toda clivagem), poder-se-ia entrever um esboço de superego. Se considerarmos a aparição desse ego pós-traumático como prematuro e patológico, o que dizer então desse esboço de superego?

A sabedoria é, no final das contas, o embrião do ego que deve manter o equilíbrio psíquico, velar sobre a parte que se mantém na ternura e, depois de tudo, se preservar de futuras invasões externas. "Inteligência" é uma palavra pequena para um trabalho tão árduo. Sabedoria de estar ao mesmo tempo dentro e fora. Tantas medidas a tomar, tantas coisas para supervisionar, ela é como uma máquina que, para funcionar direito, deve estar longe das emoções (sentimento que deixa para a outra parte do ego). De fato, deve ser racional e se apropria das qualidades das palavras que foram desmentidas.

O ego dividido, contendo de um lado uma parte sábia e culpada e, do outro, uma parte que ficou na ternura, nos faz pensar em dois seres que habitam um mesmo corpo. Esse último, como veremos, será o único a guardar o traço mnêmico. Talvez fosse melhor usar o conceito de impressão, de Freud, para o evento traumático: o das sensações experimentadas no momento da comoção psíquica.

Essa clivagem do ego é, em todo caso, providencial, e, se outros traumas não ocorrerem, tudo indica que o sujeito poderá seguir

---

'superado' torna a pessoa mais prudente e mais paciente" (Ferenczi, 1932/1990, pp. 65-66).

seu curso, pois ele pôde, no momento preciso, ter a *sabedoria de progredir traumaticamente.*

Silêncio, o corpo fala

Por meio do trabalho clínico, Ferenczi pôde construir sua teoria do trauma, a qual o levou à formulação de que, na ausência de uma inscrição psíquica, o corpo guarda em si uma inscrição sensorial. Segundo Ferenczi, "nos momentos em que o sistema psíquico falha, o organismo começa a pensar" (1932/1990, p. 37).

Na abordagem ferencziana, somente o corpo guardou a lembrança do trauma e é ele que se expressa nos silêncios do paciente durante a sessão analítica. A voz que se cala e as representações do evento traumático deixam o corpo se expressar, e são as palavras desse corpo que o analista deverá escutar.

A descoberta de uma linguagem veiculada pelo corpo, que não dispõe de palavras, ocorreu a partir do emprego feito por Ferenczi da técnica de relaxamento e neocatarse. É importante assinalar que a técnica que a precedeu foi a ativa. Na técnica ativa, o analista impunha tarefas ao paciente com o objetivo de aumentar-lhe a tensão para que surgisse um material novo. Ferenczi se deu conta de que esses pacientes se mostravam estranhamente dóceis diante dos deveres pesados e não traziam qualquer material que manifestasse uma transferência negativa. Essa constatação permitiu estabelecer uma relação entre o analista da técnica ativa e o agressor de outrora, aquele do paciente traumatizado. A técnica de relaxamento e neocatarse vem tentar oferecer a esses pacientes a possibilidade de cobrir o buraco deixado pelo evento do trauma. A vivência corporal do trauma durante o processo analítico será a possibilidade da reconstrução, da integração do paciente com a sua própria história. O sonho terá aí um papel fundamental: "a volta de impressões sensoriais traumáticas não resolvidas, que aspiram a uma resolução (função traumatológica do sonho)" (Ferenczi, 1992i).

Desaparecida a possibilidade de representação, resta ao corpo, único depositário da memória traumática, a incumbência de trazê-la ao processo analítico numa tentativa de resolução traumática. O sonho, além de sua função de realização de desejo, teria outra função: a de recuperar, por meio de sua vivência sensorial e corporal, os traços mnêmicos de uma fala que se calou.

Na impossibilidade de recuperar as palavras do trauma, resta somente, como trabalho de análise, escutar o que diz esse corpo por meio de seus recursos sensoriais. É a partir daí, e somente aí, segundo Ferenczi, que o analista poderá reconstruir essa história e transformar em lembrança o que foi proibido de ser pronunciado. As palavras do trauma, por sua falta de polissemia, passaram a ser feitas de carne, o que Ferenczi chamou de símbolos mnêmicos corporais. É função da análise tirá-los dessa concretude corporal, modificar sua condição de tatuagem invisível por uma linguagem constituída de palavra. O símbolo corporal, que ascende à liberdade do mundo da palavra, permite ao paciente transportar-se do pesadelo, do qual ele parecia prisioneiro, para o mundo do sonho, ao qual ele tem direito de pertencer. Assim, o pesadelo traumático e o que Ferenczi chamou de transe do paciente nas sessões analíticas parecem intimamente ligados, como sendo a expressão de uma mesma coisa.

Os estados de transe seriam pesadelos alucinatórios, que contam uma parte da história do paciente, do qual o analista se torna testemunha; testemunha de uma mensagem que lhe chega cifrada e que cabe a ele nomear, arrancando do corpo uma palavra humana, desincumbindo o corpo do seu papel de porta-voz de palavras inaudíveis.

Em uma nota de 26 de outubro de 1932, Ferenczi escreve:

> *A lembrança fica comprimida no corpo e é somente aí que ela pode ser acordada... Não há justificativa para se exigir do analisando a rememoração consciente de alguma coisa que jamais foi consciente. É somente possível reviver alguma coisa com objetivação a posteriori, pela primeira vez, na análise. Reviver o traumatismo e interpretar (compreendê-lo) – ao inverso do "recalque" puramente subjetivo – é, portanto, a dupla tarefa da análise. (Ferenczi, 1992j)*

A lembrança comprimida no corpo faz dele escravo do seu papel de porta-voz e de mártir de uma palavra que perdeu a voz. Segundo Ferenczi, o único meio de aliviar esse corpo é a reconstrução pela análise. Para isso, é preciso que esse corpo se expresse, como ele pode, de maneira que a vivência traumática seja reconhecida como passado. Os brancos de memória do paciente traumatizado vibram em algum lugar do corpo sem encontrar, contudo, uma tradução possível em sua fala. Esse trabalho, segundo Ferenczi, é longo e difícil. Exige do analista tato[8] e uma grande capacidade de interpretação desses enunciados corporais.

Nossa análise dos componentes e das consequências do trauma ferencziano está longe de ter cumprido a proposta de estabelecer sua metapsicologia. Se, por um lado, pudermos dar um passo à frente, não só ao designarmos o ego-ideal como detentor da linguagem da ternura, mas ao tratarmos da univocidade do desmentido, por outro lado, não encontramos, ainda, solução para algumas questões: seria possível estabelecer uma relação entre esse espaço primordial egoico e o conceito de imaginário de Lacan? Teria o desmentido do trauma o mesmo valor da negação perversa, ou tratar-se-ia de algo essencialmente diferente (Rosolato, 1967)? No que

8 Com relação ao tato do analista, ver Ferenczi, 1928/1992d.

diz respeito à nossa proposta de que a metapsicologia da clivagem do trauma estaria mais próxima da metapsicologia da paranoia e não de uma dinâmica superegoica rígida, somente a experiência clínica poderá confirmar ou desmentir essa hipótese. A proposta de Ferenczi de uma inscrição corporal, sem dúvida, aponta para um caminho relacionado com os grandes somatizadores; porém, requer uma formulação mais estruturada, que está longe de ter sido estabelecida.

3. As técnicas

As técnicas

Foi a especificidade de sua clínica particular, formada sobretudo por casos difíceis, que levou Ferenczi a postular primeiramente a técnica ativa, depois o princípio de relaxamento e neocatarse e, finalmente, a análise mútua. É a partir das questões impostas pelo exercício da clínica privada que Ferenczi pôde construir uma teoria do trauma e, por conseguinte, uma teoria da clínica na qual as questões da transferência e do lugar do analista ganharam relevo.

A técnica ativa

A técnica ativa cobre o período de 1919 a 1926. Concebida a partir da estagnação do processo de associação livre do paciente, não deveria ter uso indiscriminado. Previa um emprego excepcional, somente com pacientes que já tivessem um longo período de análise.[1]

---

1 "O ponto essencial continua sendo o *emprego excepcional* desse artifício técnico, que é apenas um auxiliar, um complemento pedagógico da análise propriamente dita e jamais deve pretender substituí-la. Num outro trabalho, comparei essas medidas ao fórceps do obstetra, ao qual só se deve recorrer em caso

O termo "atividade", segundo Ferenczi, aplica-se mais ao paciente do que ao analista, pois este último, no processo analítico clássico, já desempenha um papel ativo. A interpretação já seria, para ele, uma interferência ativa no psiquismo do paciente, pois privilegia uma associação em detrimento de outras e interrompe o livre curso das associações.

Ferenczi afirma que a formulação da técnica ativa nada mais é do que uma conceituação de um termo técnico para um fenômeno que existe na prática psicanalítica desde a sua pré-história. Segundo ele, sempre se exigiu passividade por parte do paciente que recebe a interpretação do analista (uma interferência ativa sobre o seu psiquismo). Sua proposta é a exigência de que o paciente abandone o papel passivo que lhe cabe na técnica clássica.

O princípio da técnica ativa é bem simples. Ferenczi o apresenta assim:

> *Quando estimulamos o que está inibido e inibimos o que não o está, esperamos somente provocar uma nova distribuição da energia psíquica do paciente (em primeiro lugar, de sua energia libidinal), suscetível de favorecer a emergência do material recalcado. (Ferenczi, 1921/1993b, p. 123)*

A técnica ativa é um artifício a ser usado com prudência e de maneira pontual, ou seja, em um momento determinado do processo analítico. Seu objetivo consistia em superar a dificuldade causada pela estagnação da análise. O emprego dessa técnica obrigou Ferenczi a debruçar-se sobre certos conceitos e regras da técnica

---

extremo e cujo emprego injustificado é considerado em medicina, com toda a razão uma falta técnica" (Ferenczi, 1921/1993b, p. 117, grifo do original).

psicanalítica clássica, fato que o confrontou com questões inteiramente novas.

Ferenczi deixa claro que a técnica ativa não é uma reformulação da técnica psicanalítica clássica, e sim um artifício que pode ser usado excepcionalmente em algumas análises (Ferenczi, 1921/1993b). Feito esse esclarecimento, sabemos que a técnica ativa foi formulada por Ferenczi para ser aplicada em alguns pacientes que, após um período longo de análise, não eram capazes de apresentar material novo, paralisando, assim, o processo analítico. A técnica ativa consistia basicamente em impor a esses pacientes a realização de uma tarefa determinada pelo analista. Ou, então, em alguma proibição. Um paciente fóbico, por exemplo, seria obrigado a enfrentar a situação provocadora da fobia. Esse procedimento exigia do paciente uma atividade até então impossível de ser realizada. Ferenczi acreditava provocar, com isso, um aumento de tensão que levaria ao surgimento de novo material associativo.

Na técnica ativa, ressalta-se o conforto do analisando ou o prazer que este pode experimentar durante as sessões de análise, o que, para Ferenczi, seria a causa da estagnação do processo psicanalítico. Para ele, o conforto do paciente era sinal de que estaria sendo escoado prazer durante as sessões. Ora, uma das regras fundamentais da análise – a abstinência – visa, em termos econômicos, não permitir o escoamento do prazer. Se o prazer estava sendo escoado durante as sessões, a regra de abstinência estaria sendo burlada de alguma maneira.

A técnica ativa pretendia incidir sobre esse prazer do paciente durante as sessões. Em 1924, Ferenczi criticou algumas regras relacionadas ao comportamento do analista e que, na sua maneira de pensar, poderiam funcionar como um escudo protetor do analista.[2]

2 "Ao exigir-se, por princípio, a abstenção de todo o contato pessoal *fora* da análise, foi-se levado, em geral, a uma exclusão bastante artificial de todo o caráter

A conceituação da técnica ativa leva Ferenczi a se questionar ainda sobre mais dois aspectos da interpretação: seu papel e sua oportunidade. Como já vimos, a interpretação seria uma interferência ativa sobre o psiquismo do paciente, interrompendo então, frequentemente, o trabalho de associação livre. É, pois, importante usar a interpretação de maneira econômica e unicamente após uma avaliação cuidadosa de sua oportunidade. Esses dois aspectos se encontram na origem daquela noção que Ferenczi chamou de tato do analista, que, para ele, tem um papel muito importante no processo analítico.

Mesmo que alguns anos depois Ferenczi tenha feito uma autocrítica da técnica ativa, ainda assim ela lhe permitiu acesso à compreensão de como o paciente incorpora o agressor, por meio da aceitação e da sujeição às tarefas mais penosas que eles realizavam sem demonstrar a menor hostilidade para com o analista, reação que surpreendeu Ferenczi. Podemos dizer que foi graças à técnica ativa que ele pôde conceber a importância do agressor, que desempenha um papel tão significativo na teoria do trauma.

O interesse que Ferenczi demonstra pelo aparelho psíquico do analista diante da transferência e das resistências do paciente,[3] a

---

humano no próprio contexto da análise e, por conseguinte, a teorizar uma vez mais sobre o sentimento analítico." (Ferenczi, 1924/1993f, p. 236, grifo do original)

3 "Não é um mero acaso se os erros técnicos produziram-se precisamente a propósito das manifestações da transferência e da resistência. Deixaram-se facilmente surpreender por esses sentimentos elementares na análise e, coisa notável, esqueceram-se, justamente neste caso, da teoria que tinham colocado, sem razão, no primeiro plano. É possível que a causa disso seja um fator subjetivo do médico. O *narcisismo do analista* parece apropriado para criar uma fonte de erros muito abundantes, na medida em que suscita, por vezes, uma espécie de *contratransferência* narcísica que leva os analisandos a realçar as coisas que lisonjeiam o médico e, por outro lado, a reprimir os comentários e as associações pouco favoráveis que lhe dizem respeito" (Ferenczi, 1924/1993f, p. 237, grifos do original).

importância que ele atribui à dinâmica psíquica do analista, tudo isso permitiu compreender como as regras e os conceitos técnicos, independentemente de sua correção teórica, podem esconder ou mascarar para o analista seus próprios afetos, suscitados pela palavra do paciente.

Ferenczi deu-se conta de que a técnica ativa não lhe trouxe, por variadas razões, o que ele procurava nela. Primeiro, seu caráter autoritário não provocava no paciente sentimentos hostis para com o analista; muito pelo contrário, remetia o paciente à cena traumática, a uma nova submissão ao agressor. E mais, o material pesquisado com esse método apareceria de qualquer maneira na análise, mais cedo ou mais tarde, sendo suficiente que o analista soubesse esperar. O emprego da técnica ativa seria, portanto, um sinal de pressa do analista, e não um artifício indispensável. Ferenczi acreditava também que a técnica ativa poderia se mostrar útil no fim da análise, permitindo ao paciente resolver sua transferência. No entanto, aí também a técnica ativa produzia o efeito contrário: o paciente não se livrava da transferência. Curiosamente, identificava-se com o analista e, submetendo-se docilmente ao desprazer que lhe era imposto, só fazia aumentar ainda mais sua ligação transferencial. O conforto combatido pela técnica ativa permanecia. Em vez de surgir a transferência negativa com a qual Ferenczi contava, o que aparecia era a "docilidade" do paciente frente às injunções do analista.

Ferenczi precisava conceber uma prática clínica que não fosse uma repetição da cena do trauma, prática na qual a dinâmica do aparelho psíquico do analista fosse levada em consideração, de modo a compreender o processo analítico como o resultado de uma dinâmica estabelecida por dois aparelhos psíquicos.[4]

---

4 "Pouco a pouco, vai-se percebendo até que ponto o trabalho psíquico desenvolvido pelo analista é, na verdade, complicado; deixam-se agir sobre si as

A elasticidade da técnica

A partir de 1928, o que entra em cena nas inquietações ferenczianas é o conforto do analista. A partir de então, o tratamento psicanalítico, na concepção de Ferenczi, não pode ser confortável nem para o analista nem para o paciente.

A posição de quem se senta na poltrona não pode jamais ser confortável. Nunca o foi para Ferenczi. O conforto seria, por assim dizer, sinal de que alguma coisa grave está passando desapercebida. A isso, Ferenczi chamou de hipocrisia. Isso é grave porque afasta do processo psicanalítico aquilo que mais fielmente o caracteriza. Se existe uma condição necessária para esse processo, é justamente a falta de conforto experimentada pelo analista. A falta de conforto não o resguarda de erros ou enganos, mas pode servir como termômetro.

Ferenczi demonstra que as regras técnicas estão longe de garantir um bom desenrolar do tratamento; mais ainda, elas podem funcionar como uma defesa do analista. Isso o leva a formular algumas hipóteses que constituem, ao mesmo tempo, um meio de proteger o processo analítico e sua especificidade em relação a outras práticas terapêuticas. Essa salvaguarda Ferenczi pensa conquistar não somente no emprego de uma técnica que comporta os conceitos de enquadre, de neutralidade, de atenção flutuante, de determinação do tempo e do espaço, mas sobretudo pelo emprego da dialética psicanalítica inscrita na noção de inconsciente formulada por Freud em "A interpretação dos sonhos" (1900/1973). Dialética que diz respeito ao paciente, mas também ao analista. É o caráter

---

associações livre do paciente e, ao mesmo tempo, deixa-se a sua própria associação brincar com esse material associativo; nesse meio tempo, comparam-se as novas conexões com os resultados anteriores da análise, sem negligenciar, por um instante sequer, o exame e a crítica de suas próprias tendências" (Ferenczi, 1928/1992d, p. 32).

constante dessa dialética que torna a posição do analista forçosamente desconfortável.

Nesse texto, Ferenczi fala de uma metapsicologia dos processos psíquicos do analista durante as sessões:

> *Seus investimentos oscilam entre identificação (amor objetal analítico), por um lado, e autocontrole ou atividade intelectual, por outro. No decorrer de sua longa jornada de trabalho, jamais pode abandonar-se ao prazer de dar livre curso ao seu narcisismo e ao seu egoísmo, na realidade, e somente na fantasia por breves momentos. Não duvido de que tal sobrecarga – que, por outra parte, quase nunca se encontra na vida – exigirá cedo ou tarde a elaboração de uma higiene particular do analista.* (Ferenczi, 1928/1992d, p. 35)

De certa forma, Ferenczi vem lembrar aos analistas que eles estão nessa posição não somente para escutar o paciente, para se servir da atenção flutuante ou para lhe comunicar uma interpretação, mas sobretudo para se debruçar constantemente sobre a dialética psicanalítica com relação ao paciente e a si mesmo.

O conforto se torna, por assim dizer, um sinal de alerta. Algo vai mal no processo psicanalítico quando se pode detectar conforto dos parceiros desse trabalho. Por um lado, o conforto do analista passa a ser considerado como sinal de resistência deste último, ou, como preferia Ferenczi, como sinal de hipocrisia. A hipocrisia do analista era o uso dos dispositivos técnicos como neutralidade, *setting* etc., funcionando como resistências (no sentido psicanalítico do termo) à psicanálise. Ocupar a cadeira de analista poderia ser sintoma. Nesse artigo, Ferenczi critica a má qualidade das análises pessoais dos candidatos a analista. Por outro lado, o conforto do analisando (como vimos na técnica ativa) é sinal do amor de transferência que entrava no processo psicanalítico, pois impede o aparecimento da transferência negativa que, para Ferenczi, é o caminho privilegiado do processo analítico. Parodiando Freud, que considerava o sonho a "via régia" para o inconsciente, Ferenczi afirmava que o caminho privilegiado do processo analítico era a transferência negativa. A ausência desta última, na técnica ativa, provoca Ferenczi a formular o conceito de identificação com o agressor e a repensar o poder da transferência e a questão ética a ela atrelada.

Ferenczi faz nesse texto uma oposição ferrenha a qualquer ritualização em que o analista possa ficar impermeável ao seu próprio psiquismo. Acreditamos que esteja aí a razão de ser da ideia de sinceridade absoluta que ele demandava do analista. A sinceridade em relação a si próprio e ao paciente, que só era possível a partir de uma boa análise pessoal e que deveria ser objeto de um exercício constante para quem ocupa o lugar do analista. A elasticidade é, pois, essa assimilação interior dos fundamentos teóricos da prática clínica, que só pode existir por intermédio da análise pessoal dos analistas. Na falta da "introjeção", a elasticidade torna-se um comportamento artificial:

> *Nada de mais nocivo em análise do que uma atitude de professor ou mesmo de médico autoritário. Todas as nossas interpretações devem ter mais o caráter de uma proposição do que de uma asserção indiscutível, e isso não só para não irritar o paciente mas também porque podemos efetivamente estar enganados.* . . . A modéstia do analista não é, portanto, uma atitude aprendida mas a expressão da aceitação dos limites do nosso saber. *(Ferenczi, 1928/1992d, p. 31, grifo do original)*

O conceito de tato é uma questão central nesse texto de 1928. O tato, que Ferenczi definiu como a capacidade do analista de "sentir com", pode ser também compreendido como a capacidade de se representar o vivido do paciente. O tato é uma distância justa, nem demais nem de menos, um poder "sentir com" sem "ser como". O conceito de tato torna-se fundamental para a compreensão de sua proposta técnica, assim como a revisão dos conceitos que participavam da pré-história e da história da teoria da clínica freudiana. Uma abordagem singular será dada à ideia de hipnose paterna e hipnose materna que geram a concepção ferencziana de transferência paterna e transferência materna.

O princípio de relaxamento e neocatarse

Na neocatarse, enfatiza-se a diferença de línguas. É necessário, segundo Ferenczi, uma sintonia de linguagens para poder decifrar a criança que irrompe durante as sessões, para se ouvir esse corpo que fala por intermédio de sensações físicas – um corpo que, em última instância, aprisiona tudo o que foi expulso da inscrição psíquica do trauma. Se, como ele diz, "quando o psiquismo falha o corpo começa a pensar", é preciso intuir o que esse corpo quer dizer para tentar lhe dar palavras. Sem dúvida, esse texto antecipa em alguns anos o artigo "Construções em análise" de Freud (1937/1996c). Trata-se de construir a cena do trauma, que perdeu a voz e tornou-se pura sensação corporal. Cabe ao analista emprestar a sua própria fantasia e construir uma versão para o que não tem memória nem palavra. Lançar mão do seu lugar de objeto possibilitador da introjeção. Prótese simbólica, empréstimo fantasmático, pouco importa o nome que se venha a dar para a construção que se faz necessária. Ferenczi nos mostrará nesse texto como tentou resolver essa questão quando com ela se deparou. Mostra-nos como esse é o mais desconfortável dos lugares que o analista ocupa. É desconfortável porque o analista é obrigado, por assim dizer, a colocar sua própria fantasia à disposição do paciente que tem uma lacuna em sua história. É por meio dos recursos fantasmáticos do analista que o paciente pode começar a criar uma versão de sua história pessoal e inserir-se na cadeia ilusória a que todo ser humano tem direito.

Ferenczi retomará ainda a questão da transferência materna em oposição à noção de transferência paterna de Freud. O acolhimento, em lugar da autoridade. A hipnose materna, no lugar da paterna. No meu entender, um dos momentos da obra de Ferenczi que nos faz pensar em Winnicott, com um melhor embasamento teórico. Dessa querela entre transferência materna e paterna, ficaram algumas histórias. Conta a lenda que o texto da neocatarse foi criticado por Freud porque este último pensava na história da paciente americana, que dizia que Ferenczi lhe dava dois beijos no final da sessão, como protótipo da neocatarse. E numa carta a Ferenczi (ainda não publicada) teria dito que entendia o que Ferenczi estava dizendo com transferência materna, mas, como homem, não conseguiria ocupar este lugar. Ao que Ferenczi teria respondido que o conceito de transferência que Freud postulara nada tinha a ver com um papel a ser desempenhado, e era no rigor desse conceito que ele, Ferenczi, trabalhava. Se a história é verdadeira ou não, só saberemos com a publicação integral da correspondência. E, quanto à história da paciente americana que Jones (1969) tanto enfatizou, trata-se de RN do *Diário clínico*, uma paciente grave, mas também de inteligência brilhante.

A técnica ativa, a elasticidade da técnica, o princípio de relaxamento e neocatarse forneceram a Ferenczi os subsídios necessários para a construção da teoria do trauma.

A transferência e o lugar do analista

Decidimo-nos a pensar a questão da transferência em Ferenczi a partir precisamente do conceito de introjeção articulado com a constituição da subjetividade, ou seja, a noção de simbólico desenvolvida em: "Transferência e introjeção" (1909/1991b), "O conceito de introjeção" (1912/1991d), "O desenvolvimento do sentido de realidade e seus estágios" (1913/1992b), "Thalassa" (1924/1993g) e "O problema da afirmação do desprazer" (1926/1993h); e também pela noção de trauma patológico.

Escolhemos remeter a transferência a esses dois parâmetros visto que Ferenczi persegue uma noção de simbólico ao longo de toda a sua obra, embora, no seu tempo, as teorias linguísticas não tivessem ainda a importância que logo viriam a adquirir. E também porque acreditamos que a teoria do trauma, assim como as postulações técnicas que dela advieram, são produto da sua experiência na clínica privada.

A transferência postulada em 1909, concebida como análoga ao processo de introjeção, vai se manter até o final de sua obra. Não obstante, será necessário, para complementá-la, a concepção de lugar do analista pelo viés do conforto e da sua linguagem interpretativa.

Para Ferenczi, esse lugar do analista não pode ser semelhante ao de mestre de escola diante do aluno, visto por ele como uma relação de autoridade e temor. A transferência deve ser o suporte da introjeção que não foi realizada no trauma. Ela só poderá ser inscrita pelo paciente por meio de uma construção proposta pelo analista, como se dá nas primeiras introjeções. O analista é, portanto, o suporte das representações (sua construção imaginária) a que visa a introjeção do analisando. Parece-nos também que a transferência negativa, incansavelmente buscada por Ferenczi, está ligada a seu conceito de introjeção. Se a possibilidade simbólica que responde ao desprazer é articulada pela pulsão de morte e pelo mecanismo da denegação que compreende a dialética da desintrincação e intrincação pulsional, a transferência negativa, cujo objeto é o analista, faz deste o suporte da função simbólica que falta na introjeção interrompida no trauma.

Análise mútua

A proposta da análise mútua não chegou a ser conceituada formalmente e faz parte de notas inseridas no *Diário clínico* de Ferenczi (1932/1990). Assim como a técnica ativa, ela seria uma prática destinada a ser aplicada muito raramente e com alguns pacientes. Não significa o que o nome sugere (uma análise em que haveria dois analistas e dois pacientes que alternariam os papéis), mas uma análise em que a percepção que o paciente tem dos sentimentos subjetivos do analista seria por este levada em consideração. O analista poderia concordar francamente com o paciente, mas também, eventualmente, dar-lhe explicações do seu próprio vivido para melhor explicar sua dinâmica psíquica. Resumindo, tratar-se-ia de uma análise em que o paciente poderia interpretar o analista no sentido em que suas observações seriam ouvidas no registro de uma verdadeira interpretação, e não como fantasias ligadas à transferência, como acontece na análise clássica.

Sendo mencionada apenas no seu *Diário clínico*, a questão da análise mútua traz problemas de ordem ética, visto que tais anotações não foram feitas para serem publicadas. São anotações de sessões feitas por Ferenczi, prática que qualquer analista tem. Essas notas são para uso próprio do analista, e seu caráter sigiloso e inteiramente pessoal não cabe numa publicação. Trabalhar com um material desse tipo, mesmo sabendo que os pacientes não estão mais vivos, não deixa de apresentar problemas. A questão da validade de uma reflexão apoiada sobre um material muito insuficiente é apenas um deles. De qualquer maneira, cabem aqui duas considerações sobre essa técnica. A primeira faz supor que Ferenczi parece acreditar resolver o problema do aspecto artificial do comportamento do analista por meio da imposição de uma total sinceridade. Se da parte do analista Ferenczi acreditou erroneamente resolver o problema do que seria o ponto cego na contratransferência, do lado do paciente, não somente não é difícil imaginar que tal atitude não mudará nada o problema da confiança, como pode-se supor também que outros problemas bem mais graves poderão emergir, como: a sedução pela interpretação, a resistência diante do seu próprio processo analítico e o desejo de ocupar definitivamente a poltrona e deitar o analista no divã.

A segunda consideração diz respeito às implicações recíprocas da relação Freud-Ferenczi naquele momento. Podemos entender da proposta da análise mútua uma tentativa de Ferenczi para resolver falhas de sua própria análise com Freud. É sabido que Ferenczi se queixou a Freud de não ter trabalhado em sua análise a transferência negativa. É igualmente sabido que *Análise terminável e interminável* é a resposta de Freud a essa questão (1937/1975). Além desse episódio, nos dois últimos anos da vida de Ferenczi, sua relação com Freud sofreu muitos problemas. A conferência "Confusão de línguas entre os adultos e a criança" (Ferenczi, 1932/1992h) foi duramente criticada por Freud, que chegou até mesmo a pedir que ele não a apresentasse no congresso de Wiesbaden. Ferenczi via na atitude de Freud não apenas uma oposição teórica, mas também uma motivação subjetiva trazendo à tona a contratransferência de Freud para com ele. O material atualmente disponível deixa crer que as suposições de Ferenczi não eram infundadas. As implicações transferenciais e contratransferenciais da relação Freud-Ferenczi certamente não estavam resolvidas.[5] Além disso, Ferenczi,

5 Menezes, em seu texto "Algumas reflexões a partir de uma situação de análise

já bastante doente, sabia que não chegaria a ver a resolução de seus problemas com Freud, o que era muito penoso para ele. Em 2 de outubro de 1932, ele anota em seu diário: "Uma certa força da minha organização psicológica parece subsistir, de modo que, ao invés de adoecer psiquicamente, *só posso destruir* – ou ser destruído – nas profundezas orgânicas" (1932/1990, p. 261). Esse trecho desconcertante do diário mostra o enorme sofrimento psíquico de Ferenczi, e fica ainda mais tocante quando pensamos que ele morreu sete meses mais tarde. A análise mútua pode ser interpretada, nesse contexto, como uma técnica que procura uma reparação para outros analisandos daquilo que não foi poupado a Ferenczi. Esse sofrimento imposto por Freud talvez esteja na origem da análise mútua, cujo objetivo é proteger o paciente dos avatares da contratransferência de modo a que não ficassem obrigados, como ele, a destruir ou serem destruídos. Num gesto último e radical, como é a análise mútua, Ferenczi procura soluções para problemas da análise dos quais sofreu as consequências em sua própria análise. Nesse mesmo trecho recém-citado, ele conclui que, para o traumatizado, a análise não apenas permite reviver o trauma de uma outra maneira, como permite também, por sua dinâmica, "o perdão mútuo que será o sucesso final".

---

mútua" (1993) nos lembra que, nesse questionamento, Ferenczi levou questões a Freud que permanecem atuais. Talvez por isso o texto *Análise terminável e interminável* de Freud seja uma resposta a Ferenczi, quando este já estava morto havia quatro anos.

À guisa de epílogo: o personagem

A obra de Ferenczi nos levará sempre a fazer com ele o caminho em direção ao homem imerso na imensidão do oceano ou disseminado no universo. Em direção a um homem adormecido que, segundo ele, não nascerá nunca, já que dorme a metade da sua vida. Em direção a um ego que se incha de introjeções, um ego que se despedaça ou ainda um ego que é capaz de abrigar um número considerável de incorporações por onde são introduzidos personagens inteiros. Em direção a esse mesmo ego tão dilatado, e que, no entanto, cabe inteiro no pênis no momento do coito.

A leitura da obra de Ferenczi obriga o leitor, o tempo todo, a seguir os périplos de seu pensamento, que desprende às vezes um humor extremamente refinado; é dele a frase "a ejaculação precoce é uma gagueira genital". Sem dúvida, Ferenczi é um apaixonado pelo trabalho clínico. A atração dele pela clínica revela seu desejo de curar: "Seu desejo de curar condicionou sua experiência prática. A prática levou-o a descobertas técnicas. Sua teoria é a justificação destas" (Granoff, 1961, p. 277).

Na sua busca de curar, Ferenczi foi levado por vezes a ser pouco preciso em suas proposições teóricas, a ponto até de se contradizer, a ir numa direção e depois voltar atrás tão bruscamente e com o mesmo vigor do impulso para adiante. Fazia suas autocríticas de forma tão peremptória quanto a maneira que sustentava suas proposições anteriores. Tinha medo do uso que poderia ser feito das palavras que empregava, da receptividade da teoria que estava criando. Agradar demais ao seu público era para ele tão desagradável quanto ser criticado por um leitor que não o compreendera.

Todas essas caracterísitcas parecem estreitamente ligadas à história da psicanálise, cuja unidade, certeza e falta de contradições só pertencem a uma utopia felizmente jamais alcançada por aqueles que escreveram e continuam a escrever sua história. Ferenczi também não escapou aos mal-entendidos a que a psicanálise parece fadada. Os mal-entendidos em sua teoria entrarão em cena já em 1909, por conta da introdução, no vocabulário da psicanálise, do seu conceito de *introjeção*. Esses mal-entendidos se sucederam até sua morte. Mal-entendidos entre Freud e ele, o discípulo que se queria independente do mestre tão amado. Mal-entendidos que Ernest Jones não deixará de explorar por meio da censura das cartas que publica ou do diagnóstico da doença de Ferenczi, que ele anuncia. No final das contas, porém, Ferenczi nada mais fez que seguir impecavelmente as disposições determinadas por Freud a propósito da psicanálise, numa carta dirigida a Pfister:

> *a discrição é incompatível com um bom relato de análise: é preciso não ter escrúpulos, é preciso se expor, se trair, portar-se como o artista que compra tintas com o dinheiro das compras do mês e queima os móveis para aquecer a modelo. Sem esses atos criminosos não se pode realizar nada corretamente. (Freud & Pfister, 1966, p. 74)*

Como observa Granoff, "Ferenczi encarna todo o percurso da análise, o final imposto ao tratamento? Freud fez como Ferenczi, arrependeu-se. Apenas Rank não o renegou" (1961, p. 226). Ele encarna o movimento ao qual a psicanálise parece fadada, por causa disso, "queimou-se junto com os seus móveis".

Freud disse que a Hungria só deu um adepto à psicanálise, mas este tinha o peso de uma sociedade inteira. Ferenczi sugeriu a criação de uma sociedade psicanalítica e foi um de seus mentores. Tal criação talvez tenha sido o pior de seus erros, mas esse erro foi desde o começo previsto por Ferenczi quando confessa seus receios a propósito das doenças que acometem todas as instituições. Esses receios se mostraram fundados, pois a instituição psicanalítica não foi poupada. Uma doença que fez de Ferenczi seu primeiro alvo, uma vítima de peso, a quem nós, seus herdeiros, estamos tentando fazer justiça trazendo à luz mentiras e cartas suspeitas, já que foram sujeitas à censura, ou trabalhando e divulgando sua obra. O número de adeptos a esse movimento cresce dia a dia. Nos últimos anos, as publicações sobre Ferenczi vêm se multiplicando, e a publicação completa da correspondência com Freud permitirá uma melhor apreensão das desavenças entre os dois autores. As publicações recentes, seja a propósito dos mal-entendidos propagados por Jones a respeito de ideias introduzidas por Ferenczi na teoria do trauma ou nas teorias clínicas, nos mostram que suas ideias ainda são atuais e podem trazer soluções a questões de hoje.

A Hungria nos legou um psicanalista que se confunde com a própria história da psicanálise e cuja contribuição teórica tem se mostrado sempre uma ferramenta indispensável.

Voltando à história da psicanálise e de seus primeiros protagonistas, temos em Ferenczi um dos principais colaboradores de Freud, mas o papel desempenhado por ele foi muito peculiar.

É ele que vem desarrumar quando tudo parece estar em seu lugar, é ele quem vem trazer turbulência aos momentos de calma, indagações quando os problemas maiores pareciam estar resolvidos. Em contrapartida, quando se fazia necessário unir-se e lutar pela causa psicanalítica, mostrou-se um militante incansável ao lado de todos aqueles que defenderam o corpo teórico criado por Freud. A singularidade de Ferenczi, a marca que o distinguia dos psicanalistas de seu tempo, foi justamente a de levantar as questões mais espinhosas, aquelas que ninguém havia levantado antes dele. E sabemos que tais questões não apenas vieram a se mostrar pertinentes, como também atingiram problemas consideráveis da prática clínica. Foi ele que enfrentou as questões mais delicadas suscitadas pelo corpo teórico e técnico da psicanálise empregando, para isso, o próprio instrumental psicanalítico. Sua reputação de "enfant terrible" da psicanálise não se deve ao acaso.

Se Ferenczi foi esse *enfant terrible*, talvez seja pelo fato de lembrar à psicanálise as suas origens: a hipnose, o método catártico, a sugestão ou a importância do exógeno na etiologia das patologias. Ele traz à tona o recalcado, seja no que concerne os primeiros momentos de sua história ou naquilo que poderia se tornar mecanismo de defesa.

Ferenczi dedicou-se aos casos difíceis e tem uma obra que complementa a de Freud. Interessou-se pelo que era deixado de lado na obra de Freud – como se tivessem dividido as tarefas na construção teórica dos impasses com que a psicanálise ia se deparando ao longo do seu percurso. Essa noção de complementariedade é atestada por Freud no necrológio de Ferenczi em 1933. Nele encontramos: "Durante vários anos seguidos passamos juntos nossas férias na Itália e mais de um trabalho posteriormente publicado sob o seu nome ou o meu, teve ali, nas nossas conversas, sua forma primeira" (Freud, 1933, p. 227). A produção psíquica foi o eixo da construção teórica de Freud, que centrou na ideia de castração a estruturação do aparelho psíquico. Ferenczi, em contrapartida, se ocupou da teoria do espaço analítico, do lugar do analista. Suas formulações sobre a técnica procuraram dar conta de uma clínica formada basicamente por psicóticos, casos-limite e grandes somatizadores. Nesses casos, o que se destacava era a desestruturação psíquica. A resposta de Ferenczi foi encontrar, na sua teoria do trauma, o trauma desestruturante e, portanto, patológico.

Ferenczi questionou esse corpo teórico psicanaliticamente, tentou desvendar seus enigmas, vislumbrou questões avançadas para uma época em que os recursos teóricos disponíveis para solucioná-las eram escassos. Questões que se referem ao narcisismo, ao lugar do analista, aos processos identificatórios, à metapsicologia do psicanalista durante a sessão, ao desmentido do trauma. Este último, por exemplo, sem os recursos da linguística atual, torna-se ininteligível.

Segundo Granoff (1961), Ferenczi é a expressão viva da psicanálise e seu mais fiel defensor. É a partir desse saber psicanalítico, dessas articulações dialéticas que questiona tanto o corpo teórico quanto o uso que a comunidade dos psicanalistas faz dele. Fiel a esse questionamento que recorre sem cessar à teoria psicanalítica do inconsciente, Ferenczi faz dela seu método e sua prática. Talvez por isso se sentisse à vontade para provocar os psicanalistas de sua época, coisa que parece capaz de fazer até hoje. Sua provocação visa evitar o conforto da certeza e da falta de questionamento. É nesse sentido que Ferenczi parece proibir a posição clássica dos psicanalistas, sentados confortavelmente em sua poltrona. Encarcerar a sete chaves o pensamento de Ferenczi favoreceu interpretações por vezes infelizes decorrentes de a uma leitura parcial de sua obra, com o risco de trazer consequências catastróficas para a psicanálise. Mas se a intenção era fazer de Ferenczi uma lacuna simbólica na psicanálise, apagar os traços de um dos seus colaboradores teoricamente mais vigorosos e férteis, a tentativa fracassou. Ferenczi permanece a expressão viva da psicanálise.

Em suas ideias encontramos a origem de alguns dos veios que marcaram tanto a escola inglesa como a escola francesa da psicanálise. Freud escreveu não ser concebível que a história da nossa ciência viesse a esquecê-lo um dia. Essa história fez tudo para esquecê-lo, a tal ponto que Sándor Ferenczi constitui dentro dela um enigma que a psicanálise atual tenta resgatar.

Referências

Abraham, N. (1978). Le symbole ou l'au-délá du phénoméne. In *L'ecorce et le noyau* (pp. 25-76). Aubier-Flammarion.

Abraham, N., & Torok, M. (1978a). Deuil et melancolie, introjecter-incorporer. In *L'ecorce et le noyau* (pp. 259-277). Aubier-Flammarion.

Abraham, N., & Torok, M. (1978b). La topique réalitaire, notations sur une métapsychologie du secret. In *L'ecorce et le noyau* (pp. 252-258). Aubier-Flammarion.

Costa, J. (1988a). Ferenczi e a clínica. *Cadernos de Psicanálise*, Círculo Psicanalítico do Rio de Janeiro, *X*(6), 42-52.

Covello, A., Gentis, R., & Torok, M. (1982). Entretien autour de Sándor Ferenczi. *Bloc-notes de la psychanalyse*, (2), 43-56.

Ferenczi, S. (1990). *Diário clínico*. Martins Fontes. (Trabalho original publicado em 1932).

Ferenczi, S. (1991a). Do alcance da ejaculação precoce. *Psicanálise I* (pp. 1-4, A. Cabral, Trad.). Martins Fontes. (Trabalho original publicado em 1908).

Ferenczi, S. (1991b). Transferência e introjeção. *Psicanálise I* (pp. 77-108, A. Cabral, Trad.). Martins Fontes. (Trabalho original publicado em 1909).

Ferenczi, S. (1991c). A figuração simbólica dos princípios do prazer e de realidade no mito do Édipo. *Psicanálise I* (pp. 203, 212, A. Cabral, Trad.). Martins Fontes. (Trabalho original publicado em 1912).

Ferenczi, S. (1991d). O conceito de introjeção. *Psicanálise I* (pp. 181-184, A. Cabral, Trad.). Martins Fontes. (Trabalho original publicado em 1912).

Ferenczi, S. (1991e). Sintomas transitórios no decorrer de uma psicanálise. *Psicanálise I* (pp. 185-196, A. Cabral, Trad.). Martins Fontes. (Trabalho original publicado em 1912).

Ferenczi, S. (1992a). Fé, incredulidade e convicção sob o ângulo da psicologia médica. *Psicanálise II* (pp. 27-38, A. Cabral, Trad.). Martins Fontes. (Trabalho original publicado em 1913).

Ferenczi, S. (1992b). O desenvolvimento do sentido de realidade e seus estágios. *Psicanálise II* (pp. 39-54, A. Cabral, Trad.). Martins Fontes. (Trabalho original publicado em 1913).

Ferenczi, S. (1992c). A adaptação da família à criança. *Psicanálise IV* (pp. 1-14). Martins Fontes. (Trabalho original publicado em 1928).

Ferenczi, S. (1992d). Elasticidade da técnica psicanalítica. *Psicanálise IV* (pp. 25-36). Martins Fontes. (Trabalho original publicado em 1928).

Ferenczi, S. (1992e). Masculino e feminino. *Psicanálise IV* (pp. 37-46). Martins Fontes. (Trabalho original publicado em 1929).

Ferenczi, S. (1992f). Princípio de relaxamento e neocatarse. *Psicanálise IV* (pp. 53-68). Martins Fontes. (Trabalho original publicado em 1930).

Ferenczi, S. (1992g). Análise de crianças com os adultos. *Psicanálise IV* (pp. 69-84). Martins Fontes. (Trabalho original publicado em 1931).

Ferenczi, S. (1992h). Confusão de língua entre os adultos e a criança. *Psicanálise IV* (pp. 97-108). Martins Fontes. (Trabalho original publicado em 1932).

Ferenczi, S. (1992i). Artigos póstumos – "Reflexões sobre o trauma". *Psicanálise IV* (pp. 109-119). Martins Fontes.

Ferenczi, S. (1992j). Notas e fragmentos. *Psicanálise IV* (pp. 235-284). Martins Fontes.

Ferenczi, S. (1993a). Fenômenos de materialização histérica. *Psicanálise III* (pp. 41-54). Martins Fontes. (Trabalho original publicado em 1919).

Ferenczi, S. (1993b). Prolongamentos da "técnica ativa" em psicanálise. *Psicanálise III* (pp. 109-126). Martins Fontes. (Trabalho original publicado em 1921).

Ferenczi, S. (1993c). Para compreender as psiconeuroses do envelhecimento. *Psicanálise III* (pp. 145-150). Martins Fontes. (Trabalho original publicado em 1921).

Ferenczi, S. (1993d). Reflexões psicanalíticas sobre os tiques. *Psicanálise III* (pp. 77-104). Martins Fontes. (Trabalho original publicado em 1921).

Ferenczi, S. (1993e). O sonho do bebê sábio. *Psicanálise III* (p. 207). Martins Fontes. (Trabalho original publicado em 1923).

Ferenczi, S. (1993f). Perspectivas da psicanálise. *Psicanálise III* (em colaboração com O. Rank, pp. 225-240). Martins Fontes. (Trabalho original publicado em 1924).

Ferenczi, S. (1993g). Thalassa: ensaio sobre a teoria da genitalidade. *Psicanálise III* (pp. 255-326). Martins Fontes. (Trabalho original publicado em 1924).

Ferenczi, S. (1993h). O problema da afirmação do desprazer. *Psicanálise III* (pp. 393-404). Martins Fontes. (Trabalho original publicado em 1926).

Freud, S. (1933). Sándor Ferenczi. In *Obras completas de Sigmund Freud* (Vol. 19, pp. 287-289). Amorrortu.

Freud, S. (1962). *Trois essais sur la théorie de la sexualité.* Idées/Gallimard. (Trabalho original publicado em 1905).

Freud, S. (1973). La interpretation de los sueños. In *Obras completas de Sigmund Freud* (Tomo 1, pp. 345-700). Biblioteca Nueva. (Trabalho original publicado em 1900).

Freud, S. (1975). *L'analyse finie et l'analyse infinie.* La bibliotheque freudienne. (Trabalho original publicado em 1937).

Freud, S. (1981a). Au-délà du principe de plaisir. In *Essais de psychanalyse* (pp. 41-116). PBP. (Trabalho original publicado em 1920).

Freud, S. (1981b). La moi et le ça. In *Essais de psychanalyse* (pp. 219-275). PBP. (Trabalho original publicado em 1923).

Freud, S. (1985). *Vue d'ensemble des nevroses de transfert.* Gallimard. (Trabalho original publicado em 1915).

Freud, S. (1996a). La negación. In *Obras completas de Sigmund Freud* (vol. 19, pp. 249-258). Amorrortu. (Trabalho original publicado em 1925).

Freud, S. (1996b). *Obras Completas.* Amorrortu. pp. 271-278. (Trabalho original publicado em 1938).

Freud, S. (1996c). *Obras completas de Sigmund Freud* (vol. 23, pp. 255-270). Amorrortu. (Trabalho original publicado em 1937).

Freud, S., & Pfister, O. (1966). Correspondence de Freud avec le Pasteur Pfister. Gallimard.

Granoff, W. (1961). Ferenczi: faux problème ou vrai malentendu. *La Psychanalyse*, (6), 255-282.

Menezes, L. C. (1993). Algumas reflexões a partir de uma situação de análise mútua. *Revistas Percurso, Ano VI*(10), 15-18.

Mezan, R. (1993). Do auto-erotismo ao objeto: a simbolização segundo Ferenczi. *Revista Percurso, Ano VI*(10), 19-30.

Paz, O. (1965). *L'arc et la lyre* (pp. 21-22). Gallimard.

Pessoa, F. (1983). Poema "Acordar", de Álvaro de Campos. In *Obra poética* (p. 339). Nova Aguilar.

Pinheiro, T. (1989). A teoria do trauma ferencziano. *Revista Psicologia & Psicanálise*, 1, 47-58.

Rosolato, G. (1967). Etudes des perversions sexuelles à partir du fétichisme. In *Le désir et la perversion*. Payot.

Posfácio

Julio Sergio Verztman

O capítulo inicial do que veio a ser a minha intensa colaboração com a autora deste livro se deu na casa de Jurandir Freire Costa em 1998. Naquele contexto, participei de duas discussões sobre melancolia, depressão, trauma e narcisismo, a partir de artigos de Teresa Pinheiro, ali presente. Lembro-me nitidamente da forte impressão que tanto seus artigos quanto suas observações me causaram. Eu tinha defendido minha tese de doutorado no ano anterior e estava com grandes dificuldades de definir um novo foco de trabalho. Ler os artigos de Teresa, os quais eu não conhecia, e ouvi-la, foi o que alguns autores definem como um *encontro*.

Dois aspectos me trouxeram a convicção imediata, reforçada ao longo dos meses subsequentes, de que havia algo que me concernia naquela visada clínico/teórica. O primeiro foi a agudeza da autora em delimitar problemas clínicos pouco tematizados até então em nosso meio. A partir da especificidade de sua descrição da melancolia, em uma conceituação precisa e ampliada, descortinava-se toda uma problemática da clínica contemporânea, a qual o binômio neurose/psicose não permitia entrever. É preciso lembrar que a definição psicopatológica estruturalista, organizada em torno dessas categorias, ainda era bastante pregnante no Brasil. O segundo, profundamente articulado ao primeiro, foi a grade teórica que a inspirava. Foi exatamente nesse momento que travei meu primeiro contato com a obra de Ferenczi. Tudo isso antes de ler *Ferenczi: do grito à palavra*, ou de ler "Confusão de línguas...". Nesses artigos posteriores à sua tese de doutorado, Teresa redescreveu a metapsicologia da melancolia à luz da teoria do trauma de Ferenczi, encontrando subsídios teóricos amplos para assim proceder, entre eles o modelo da incorporação de Maria Torok.

Como o tema das depressões já me era caro desde a minha dissertação de mestrado, perceber o refinamento teórico-clínico dos trabalhos de Teresa Pinheiro produziu um desejo imediato de aproximação. E tal aproximação resultou numa colaboração de mais de 20 anos no Núcleo de Estudos em Psicanálise e Clínica da Contemporaneidade (NEPECC, www.nepecc.psicologia.ufrj.br), núcleo no qual procuramos, até hoje, seguir as suas primeiras inspirações, sempre atualizadas pelas realidades clínicas que passamos a pesquisar juntos.

Pouco tempo depois, li *Ferenczi: do grito à palavra* com a sensação inigualável de beber de uma água pura, termo evocado por Jurandir Freire Costa no Prefácio deste livro. Foi uma experiência de arrebatamento e de desterritorialização. Meu primeiro desafio, jamais ultrapassado completamente, foi adentrar no tema da introjeção. Percebia em meus encontros com Teresa e na leitura de seus trabalhos que ali estava o novelo a ser desfiado, uma noção símbolo da nova caminhada. Os dois textos de Ferenczi sobre o tema, embora bastante celebrados e conhecidos, pareceram-me ter aspectos labirínticos, nos quais eu me perdia com muita facilidade. Perder-se num labirinto pode ser uma experiência traumática caso não haja resgate. E Teresa vinha frequentemente me resgatar nos momentos em que eu estava com os músculos cansados e com o cérebro fritando. A precisão e a simplicidade com que ela abordou a introjeção como movimento em direção ao mundo, como possibilidade de apropriação do sentido e como expansão do movimento pulsional construiu uma ferramenta de trabalho capaz de tornar o labirinto um ambiente no qual se pode circular. Apesar de cada um dos capítulos deste livro ser essencial, o centro de gravidade da obra, a meu ver, gira em torno do tema da introjeção. É ali que todos os outros temas se entrelaçam. É ali que a radical dissimetria entre o adulto e a criança se vislumbra. É sobre o pano de fundo da introjeção que a noção ferencziana de símbolo é rebatida. São os impasses do processo introjetivo que conferem ao trauma sua configuração mais definida, seja como evento, seja como processo (ou antiprocesso), seja como progressão traumática. Como nos diz a autora, "Na obra ferencziana, a introjeção é a própria forma de funcionamento desse aparelho [psíquico], aquilo que o psiquismo pode e sabe fazer, mas sobretudo traz embutida em si uma noção de produtos, como representar, produzir fantasma e identificações".

Para mim, olhar para os processos introjetivos como nodais para a compreensão da obra de Ferenczi é um mérito inegável deste livro. Teresa nos fornece uma lente capaz de nos fazer enxergar a obra do psicanalista húngaro sob um novo prisma. Um prisma mais condizente com os desafios clínicos de uma nova época, na qual os processos introjetivos encontram novos obstáculos, não imaginados por Ferenczi. Novos tempos em que, ao se lançar ao mundo, o sujeito encontra outros percalços, nos quais representar, fantasiar e se identificar (produtos primários de um aparelho psíquico introjetivo) esbarram com o irrepresentável, com um modelo de fantasiar que Teresa, em outro trabalho (Pinheiro, 2002), definiu como uma "cena parada", e os processos de identificação são cada vez mais marcados pela mimese quase absoluta, talvez pelo que Freud definiu como "identificação narcísica".

Desse modo, pensar o sofrimento contemporâneo como organizado em torno dos impasses da introjeção é bastante fiel às preocupações de Ferenczi. Assim como nos pareceu fiel ao mestre húngaro iniciarmos juntos uma aventura que conjugava, a nosso modo, pesquisa e clínica. Como Teresa demonstra aqui em *Do grito à palavra: um percurso ferencziano*, a paixão clínica de Ferenczi estava, de modo amplificado, relacionada a um trabalho específico de pesquisa. Ele elevou a outro patamar a máxima freudiana de que clínica e pesquisa são atividades indissociáveis. O peso que ele conferiu à clínica nessa equação estava longe do equilíbrio entre duas ações heterogêneas. A clínica é pesquisa, ela precisa ser pesquisa, mesmo que uma forma de pesquisa fora de qualquer campo discursivo. Ele abriu caminho para a investigação dos estados nos quais as palavras, os sentimentos e as ações perdem a conexão com o que vulgarmente chamamos de sujeito. Ferenczi demonstrou que esta estranha configuração, pouco pesquisada por Freud, é resultado de um processo ativo de silenciamento. A desconexão psíquica, denominada por Ferenczi de clivagem, é a manifestação intrapsíquica mais visível de uma desconexão intersubjetiva bastante camuflada e de amplas proporções. Para pesquisar essas formas de subjetividade, foi necessário interrogar o ambiente em todos os seus aspectos vislumbráveis. E isso abriu novos caminhos para o exercício da psicanálise.

Vou ressaltar dois deles, bastante explorados por Teresa neste livro. O primeiro é uma nova descrição sobre as nossas jornadas iniciais no mundo. "Quem é a criança para Ferenczi?" foi uma pergunta que Teresa enfrentou de modo didático e exemplar. Certas relações de dependência – menos trabalhadas por Freud – para a construção de um psiquismo suficientemente pulsionalizado, com maior capacidade *aloplástica* (de transformação do mundo), passaram a ser examinadas no grande laboratório de Budapeste. As formas passivas de amor, as funções miméticas iniciais, entre tantos outros assuntos, expandiram enormemente as intuições iniciais de Ferenczi sobre a introjeção. O se lançar ao mundo, que parecia a

Ferenczi ter uma trajetória natural entre 1909 e 1912 – uma espécie de "gulodice de tudo" que encontrava na histeria seu paradigma –, passou a depender de formas ativas de recepção da alteridade para se plasmar. E isso nos leva ao segundo ponto a ser destacado. O ambiente primário, compreendendo aí o período desde o nascimento até pelo menos a estabilização edípica, pode ser pródigo na produção de obstáculos para a ligação da atividade pulsional ao universo subjetivo. As figuras do bebê mal acolhido, com sua consequente desvitalização precoce, e da criança traumatizada pelo descrédito que desfaz sua *certeza de si* são alguns dos exemplos que culminaram no que Ferenczi denominou de "casos difíceis". Percebam que as hipóteses ferenczianas sobre as relações precoces estão intimamente relacionadas aos desafios clínicos enfrentados por ele. É exatamente a crueza da clínica que forjou os modelos teóricos desse verdadeiro desbravador, e não o contrário. A clínica, para Ferenczi, não foi uma ilustração de algo que já estava previamente formatado.

É com esse espírito que Teresa e eu começamos nossa jornada juntos. Digo Teresa e eu, nessa ordem, porque o que construímos como núcleo de pesquisa teve na figura de Teresa a sua principal bússola. Quando não sabíamos em que direção seguir, os ponteiros incrustados em sua mente nos davam a segurança para continuar. Quando nos perdíamos, tínhamos a suficiente confiança de que se perder era necessário para nos reencontrarmos. E começamos um formato de investigação que usamos até hoje. Em todos os nossos trabalhos conjuntos, as inspirações ferenczianas sobre o modo de conjugar clínica e pesquisa nos pautaram. Começamos pela trilha que Teresa tinha aberto: o estudo da melancolia sob a ótica de Ferenczi. E investimos numa forma de estudo clínico comparativo dessa organização com o sofrimento de pacientes lúpicas. Seguimos nossa jornada acolhendo para atendimento sujeitos tímidos com diagnóstico psiquiátrico de fobia social (já com a colaboração de Regina Herzog) e, numa terceira pesquisa, atendemos sujeitos com queixas de compulsão e diagnóstico psiquiátrico de transtorno obsessivo-compulsivo (TOC). Rumamos juntos, a partir de agora, para um novo desafio clínico com pessoas alvo de violência.

E, em todas essas investigações, insistimos numa característica que certamente contaria com a simpatia de Ferenczi: a construção de uma clínica partilhada. A clínica realizada em nosso núcleo de pesquisa é um trabalho coletivo de escuta a partir da formação de uma equipe suficientemente despojada da gratificação narcísica que a expressão "minha clínica" propicia a alguém que exerce a psicanálise. O Ferenczi que se sobressai nas páginas de *Do grito à palavra: um percurso ferencziano* é um psicanalista que acreditava na potência dos coletivos, que militou em prol da difusão da psicanálise para as classes trabalhadoras, que antecipou algumas das bandeiras hoje empunhadas por populações minorizadas e que propôs, no fim de sua vida e obra, o tema da mutualidade. Teresa foi, desde o início de nosso percurso, uma defensora incansável de que a clínica de sujeitos com fragilidades narcísicas diversas – população alvo de todas as nossas investigações – poderia encontrar alguma afinidade com o trabalho partilhado de uma equipe implicada. Como discutimos em nosso último livro (Verztman, Herzog & Pinheiro, 2023), um coletivo que funciona como equipe pode ser um componente indispensável na criação de um dispositivo de cuidado para sujeitos com esse tipo de problemática.

Termino este posfácio imaginando que, assim como eu, a pessoa que me lê agora já percorreu as páginas deste livro indispensável. E recorre às minhas breves considerações para prolongar o prazer do contato com esta pioneira na obra ferencziana em nosso país. Infelizmente, por mais que eu tenha me esforçado para corresponder à honra de participar desta publicação, a escrita de Teresa é insubstituível. Grito e palavra encontram aqui uma conexão estética, teórica e clínica, capaz de dar voz ao que se encontrava silenciado na história da psicanálise. E, pela trajetória que o pensamento clínico de Ferenczi vem trilhando em nosso país, não resta dúvida de que a tese de doutorado de Teresa Pinheiro de 1987 resistiu à passagem do tempo e merece toda a nossa celebração, materializada nesta nova edição.

Referências

Pinheiro, T. (2002). Escuta psicanalítica e novas demandas clínicas: sobre a melancolia na contemporaneidade. *Psychê, VII*(9), 167-176.

Verztman, J., Herzog, R., & Pinheiro, T. (2023). *De Narciso a Sísifo: os sintomas compulsivos hoje*. Blucher.

Série Psicanálise Contemporânea

Adoecimentos psíquicos e estratégias de cura: matrizes e modelos em psicanálise, de Luís Claudio Figueiredo e Nelson Ernesto Coelho Junior

O brincar na clínica psicanalítica de crianças com autismo, de Talita Arruda Tavares

Budapeste, Viena e Wiesbaden: o percurso do pensamento clínico-teórico de Sándor Ferenczi, de Gustavo Dean-Gomes

Chuva n'alma: a função vitalizadora do analista, de Fátima Flórido Cesar, Marina F. R. Ribeiro e Luís Claudio Figueiredo

A cientificidade da psicanálise: novos velhos horizontes, com organização de Vitor Carvalho e Marcelo Ferretti

Clínica da excitação: psicossomática e traumatismo, de Diana Tabacof

Corpo, sonho, palavra: ensaios psicanalíticos II, de Flávio Ferraz

Da excitação à pulsão, com organização de Cândida Sé Holovko e Eliana Rache

De Narciso a Sísifo: os sintomas compulsivos hoje, de Julio Verztman, Regina Herzog e Teresa Pinheiro

Depressão & doença nervosa moderna, 2. ed., de Maria Silvia Borghese

Desafios epistemológicos para a psicanálise: ensaios psicanalíticos III, de Flávio Ferraz

Do grito à palavra: um percurso ferencziano, 2. ed., de Teresa Pinheiro

Do pensamento clínico ao paradigma contemporâneo: diálogos, de André Green e Fernando Urribarri

Do povo do nevoeiro: psicanálise dos casos difíceis, de Fátima Flórido Cesar

Em carne viva: abuso sexual de crianças e adolescentes, de Susana Toporosi

Escola, espaço de subjetivação: de Freud a Morin, de Esméria Rovai e Alcimar Lima

Escola e subjetivação: diferentes perspectivas, de Esméria Rovai e Alcimar Lima

A eternidade da maçã: Freud e a ética, 3. ed., de Flávio Ferraz

Expressão e linguagem: aspectos da teoria freudiana, de Janaina Namba

Fernando Pessoa e Freud: diálogos inquietantes, de Nelson da Silva Junior

Figuras do extremo, de Marta Rezende Cardoso, Mônica Kother Macedo e Silvia AbuJamra Zornig

O grão de areia no centro da pérola: sobre neuroses atuais, de Paulo Ritter e Flávio Ferraz

Heranças invisíveis do abandono afetivo: um estudo psicanalítico sobre as dimensões da experiência traumática, de Daniel Schor

Histórias recobridoras: quando o vivido não se transforma em experiência, de Tatiana Inglez-Mazzarella

Identificação: imanência de um conceito, de Ignácio A. Paim Filho e Raquel Moreno Garcia

A indisponibilidade sexual da mulher como queixa conjugal: a psicanálise de casal, o sexual e o intersubjetivo, de Sonia Thorstensen

Interculturalidade e vínculos familiares, de Lisette Weissmann

Janelas da psicanálise: transmissão, clínica, paternidade, mitos, arte, de Fernando Rocha

O lugar do gênero na psicanálise: metapsicologia, identidade, novas formas de subjetivação, de Felippe Lattanzio

Os lugares da psicanálise na clínica e na cultura, de Wilson Franco

Luto e trauma: testemunhar a perda, sonhar a morte, de Luciano Bregalanti

Matrizes da elaboração psíquica no pensamento psicanalítico: entre Freud e Ferenczi, de Thiago da Silva Abrantes

Metapsicologia dos limites, de Camila Junqueira

Os muitos nomes de Silvana: contribuições clínico-políticas da psicanálise sobre mulheres negras, de Ana Paula Musatti-Braga

Nem sapo, nem princesa: terror e fascínio pelo feminino, de Cassandra Pereira França

Neurose e não neurose, 2. ed., de Marion Minerbo

Pensar o sujeito, agir no mundo: diálogos com a obra de Jurandir Freire Costa, com organização de Francisco Ortega, Gabriela Bastos Soares, Jairo Gama e Bethania Assy

A perlaboração da contratransferência: a alucinação do psicanalista como recurso das construções em análise, de Lizana Dallazen

Psicanálise de casal e família: uma introdução, com organização de Rosely Pennacchi e Sonia Thorstensen

Psicanálise e ciência: um debate necessário, de Paulo Beer

Uma psicanálise errante: andanças cinemáticas e reflexões psicanalíticas, de Miriam Chnaiderman

Psicopatologia psicanalítica e subjetividade contemporânea, de Mario Pablo Fuks

Psicossomática e teoria do corpo, de Christophe Dejours

Razão onírica, razão lúdica: perspectivas do brincar em Freud, Klein e Winnicott, de Marília Velano

Relações de objeto, de Decio Gurfinkel

Ressonâncias da clínica e da cultura: ensaios psicanalíticos, de Silvia Leonor Alonso

Sabina Spielrein: uma pioneira da psicanálise - Obras Completas, volume 1, 2. ed., com organização, textos e notas de Renata Udler Cromberg

Sabina Spielrein: uma pioneira da psicanálise - Obras Completas, volume 2, com organização, textos e notas de Renata Udler Cromberg

O ser sexual e seus outros: gênero, autorização e nomeação em Lacan, de Pedro Ambra

Tempo e ato na perversão: ensaios psicanalíticos I, 3. ed., de Flávio Ferraz

O tempo e os medos: a parábola das estátuas pensantes, de Maria Silvia de Mesquita Bolguese

Tempos de encontro: escrita, escuta, psicanálise, de Rubens M. Volich

Transferência e contratransferência, 2. ed., de Marion Minerbo

Trauma: metapsicologia e clínica de Sigmund Freud, de Thais Siqueira